創意的
音樂律動遊戲

第二版

黃麗卿 / 著

獎　狀

黃麗卿　參加八十八年度

臺灣省獎勵教育人員研究

著作高中　組著作　類

徵文評列佳作　獎

特頒獎狀以資鼓勵

臺灣省政府教育廳

代理廳長　王宇田

中華民國八十八年六月三日

黃麗卿

　　國立台灣師範大學教育學博士，目前擔任音樂精靈工作室藝術總監。

　　曾遊歷世界各地專研兒童音樂舞蹈教育，足跡遍及英國（Anglia Ruskin University）、奧地利（International School Music in Salzburg）、美國（California State University, Northridge; American Orff-Schulwerk Association in Wisconsin & Charlotte, North Carolina）、峇里島（Bali）師事 Wayan 和 Gusti Ayu 研究峇里島音樂和舞蹈等。

學經歷：

　　2000 年榮獲教育部頒發杏壇芬芳錄優良教師，曾任教育部國小師資培用聯盟、國立清華大學師資培育中心、台灣奧福教育協會理事暨師培班、香港奧福音樂中心、河南鄭州索易兒童快樂中心等奧福音樂教學講師，以及北京中央音樂學院、上海弘慧李嬰寧國際藝術教育、南京 327 戲劇工作室、北京匯成教育新疆幼兒園、北京順義區幼兒園聯盟等「繪本音樂與教育戲劇」講師。

論著：

§書籍著作§

1998年　創意的音樂律動遊戲（第二版）心理出版社出版

2008年　舞動、敲擊、嬉遊記　心理出版社出版

2010 年　音樂小精靈　音樂精靈工作室出版

§期刊論文§

黃麗卿（2016）。奧福律動和舞蹈理論與實務：引導孩子進入藝術
　　性舞蹈殿堂。奧福音樂教學面面觀：本土的與創造的基礎音樂
　　教育，140-153。台北市：台灣奧福教育協會。

黃麗卿（2010）。構築幼兒學習的鷹架：以音樂律動創意教學為例。
　　奧福音樂：基礎音樂教育研究，1，19-38。

黃麗卿（2006）。共築藝術天地：幼教藝術活動探究歷程之行動研
　　究。花蓮教育大學學報，22，185-210。

黃麗卿（2006）。以對比元素為主軸，建構音樂律動探索課程之行
　　動研究。樹德科技大學學報，8（1），1-40。

黃麗卿（2003）。乘著藝術的翅膀讓心飛翔，藝術方案教學之行動
　　研究。載於教育行動研究與教學實務：2003年行動研討會會後
　　論文集（頁309-356）。台北市：心理。

黃麗卿（2003）。與心共舞，情緒障礙生舞蹈治療歷程之研究。載
　　於特殊教育學術研討會論文集（頁19-34）。台東市：國立台東
　　師範學院。

黃麗卿（2002）。才藝教育速食化，幼兒園教學現象背後的省思。
　　載於兒童與家庭學術研討會論文集（頁230-245）。台北縣：私
　　立輔仁大學。

黃麗卿（2001）。以批判理論觀點探討台灣幼兒教育之生態。幼兒
　　教育年刊，13，33-48。

黃麗卿（2000）。奧福教學中，台灣民謠及童謠創作問題之探討。
　　載於中華奧福教育協會專刊八十九之一。台北市：中華奧福教
　　育協會。

黃麗卿（1997）。中美學前教育階段音樂課程之比較。國教園地，
　　59、60。

從事兒童音樂律動教育之實務教學及研究工作將近三十年的黃麗卿博士,深深體會藝術與兒童創造力之間關係密切,要提升兒童的創造力,成人的引導方法與創造力策略的運用是重要的關鍵。

本書以音樂律動為主要課程領域,說明成人在實施音樂活動時如何運用適當方法來啟發孩子的音樂創造力。筆者針對國內外研究創造性教學策略的學者所提出的方法進行深入地剖析,並以淺顯易懂的例子說明之。此外,筆者以三個實務教學的案例(音樂欣賞五階段教學、音樂劇場實務及童書繪本運用),說明成人如何設計與音樂律動相關的啟發性課程。

對幼兒階段的孩子而言,豐富的音樂律動經驗是發展創造力的關鍵。成人若能深入地了解幼兒各階段發展特徵和音樂經驗的關係,並藉此做為設計音樂活動的參考,這樣的課程必然較能適合於幼兒的需要。因此,筆者在書中針對知名的幼兒教育專家——皮亞傑與布魯納二人的發展理論與兒童音樂能力發展的關係做一番深入的剖析,相信對音樂活動設計具有極大的啟示作用。

書中蒐集有關「美國 MENC 音樂課程標準」所提及的課程指引、音樂能力評量以及音樂學習各領域內容及成就標準,希望音樂活動的指導人員遵此標準,做為設計活動之參考藍圖。此外,筆者在書中所設計的音樂創造能力評量表,希望能幫助讀者在教學過程中進行觀察評量,並進一步了解孩子在活動過程中創造行為的表現。

　　本書為筆者多年教學經驗的精華，內容大多針對三到六歲幼兒所設計，而最後的幾個單元則可延伸至國小的學童來進行。每項活動均有一個單元來串連，每個單元均包含活動主題、學習目標、創造性教學策略的應用、教學資源及詳盡活動內容之敘述等。此外，筆者更在主題內容之後，為讀者進行課程的分析，其中包括：音樂作品的選擇、音樂及舞蹈要素的分析，以及教學媒介的運用（奧福樹分析）等，讓讀者能夠深入了解活動設計前應具備之基礎概念，做為未來自我設計課程或進行研究的基礎。二版時除了修正部分課程內容之外，更增加「聖誕節」、「洞洞遊戲」兩個主題活動。

　　為了提供讀者更詳實與具體的活動引導，筆者特別建構相關教學部落格與媒體網站，讀者可以在網站中搜尋相關的活動影片或教學音樂資源，必要時讀者尚可透過部落格與筆者進行對話。

＊音樂精靈工作室部落格：http://blog.xuite.net/h4723/wretch
＊音樂精靈工作室臉書：https://www.facebook.com/studio.musicwonderland/
＊音樂精靈工作室YouTube影音頻道：https://www.youtube.com/channel/
　UClBHHVeLTSJPQeqmEFR6zvA/featured

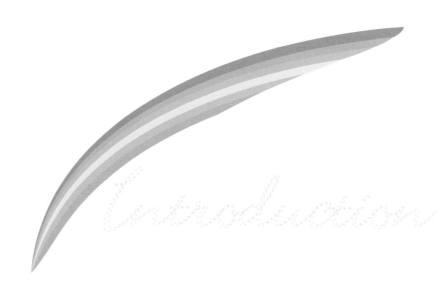

二版序

> 沒有藝術的文化是不完整的文化
> 沒有藝術教育的教育是不完整的教育
> 只有知識技能的教育是不完整的藝術教育
> 沒有藝術素養的人是不完整的人
> ──引自 2008 亞太國際藝術研討會會訊

　　「文化創意」是最近幾年教育部力推的一項政策,希望經由這項政策的推廣,培養出更多有創意的人。「創意」是無所不在的,它更是無時無刻在身邊發生,「創意」能讓無用的東西變成有用的資源,但是,只有創意是不夠的,它還必須結合「創新」才能讓創意重新加以組織、變化,獲得更好的結果。

　　幼兒音樂教育是文化創意重要的一環,幼兒喜愛音樂律動遊戲是他們的天性,同時他們更擁有獨特的創意想像能力。擔任幼兒音樂教學的教師,若能把握幼兒這項特有的能力,再加上創意的引導方式,不難從中啟發幼兒的創意因子。

　　對於一位音樂律動教師而言,重要的是從他人的創意中得到新的思考,並從實際教學試驗中獲得創新的動力,真正地從創新中得到更大的教學成就。台灣未來將走向「知識密集」的產業,而「產業知識化,知識產業化」為帶動台灣創新的重要元素。因此,身為音樂律動的教師們,更應思考未來如何將自己的教學專業與知識產業結合;除了強化個人的課程教學與專業外,理應拓展更多的產業

鏈，或者與在地生活和網路學習做結合，讓音樂的創意點子能有更多元發展的可能。譬如：運用數位創意教學，以多媒體製成教材，讓聲音、圖像、動畫等元素在舞台上舞動起來。「聲音無所不在，創作始於欣賞」，曾經有一個聲音的觀察實驗，讓孩子開始注意周遭一直存在卻容易忽略的聲音。結果發現，孩子很少專心地將音樂聽完，便將注意力轉移到其他更吸引他們的東西上。由此可見，專注聆聽的能力是需要培養的。因此，要進行音樂律動創作前，必須先從音樂欣賞開始，爾後再考慮各種創新的可能。基於此，本書所呈現的主題活動中，有許多針對幼兒聽音及音樂欣賞的課程，便是受到以上論述之啟發。

幼兒音樂教育為什麼重要？因為音樂就像是催化劑，它不僅透過基本的操作來誘發人的情緒，更能透過各式各樣的音樂啟迪幼兒的想像力。加上世界上的音樂材料那麼豐富，可說用之不盡、取之不竭，因此筆者常常從旅行中尋找音樂的靈感，享受旅行生活的同時，更是筆者蒐集音樂教學素材的機會。身為一位藝術教育工作者，將自己定位在「逍遙的藝術玩家」，並用此種生活態度享受藝術與創作。創意與創新其實源自於生活，若能由生活中感受與自然脈動的相依，如此多元的智慧，將是未來跨領域創作者靈感來源的軌跡。

創意常被貶抑成可以速食的技巧，因此，談創意必須強調建立在踏實的知識基礎上。創意教育的目的，應在培養適應和開創未來的能力，不應只教導如何複製現有知識，更需要教導如何創新。基於此，本書論著的初衷即是希望藉由創意的音樂活動，培養有創意的教師，而能帶出幼兒更多的想像與創新的能力。

本書由筆者設計一套能提升幼兒創造潛能的「音樂律動遊戲」主題活動，希望能提供教師在設計音樂律動遊戲課程時之參考，提升活動設計的能力與信心，並從實際教學嘗試的經驗中獲得繼續成

長的動力。書中所強調的創意音樂律動遊戲課程，主要是以奧福和達克羅采音樂及律動教學法為設計之基礎，強調以遊戲的方式，將音樂融入節奏、律動、戲劇、美術之統合自我表現藝術教學方案。

以下簡介本書各章節的主題：

　　第一章闡述藝術與創造力之間的關係，並提出現今藝術教學與研究的方向，同時由生態論、建構論及統整論角度探討藝術教育與人的創造發展性。

　　第二章提到教師們在音樂活動實施中如何運用適當方法來啟發孩子的創造力，筆者針對國內外研究創造性教學策略的學者所提出的方法進行深入剖析，並以淺顯易懂的例子說明之。最後，筆者特別以三個實務教學的案例（音樂欣賞五階段教學、音樂劇場實務及音樂活動中繪本的運用），說明教師如何設計與音樂律動相關的啟發性課程。

　　第三章主要在闡明廣泛的音樂經驗對於幼兒階段整體發展所扮演的角色模式，其中引自 Mary（1990）在其所著的書中所整理出來的幼兒各階段發展特徵和音樂經驗的關係，希望能提供教師在設計課程前先深入了解幼兒的行為特徵，藉此做為設計適當音樂活動的參考。另外，筆者對知名的幼兒教育專家──皮亞傑與布魯納等二人的發展理論與兒童音樂能力發展的關係做一番深入的分析，對音樂活動設計具有極大的啟示作用。

　　第四章就筆者設計創意的音樂律動遊戲前所參照的基本教育理念而言，其中主要的理論依據為奧福及達克羅采音樂教學法。文章中有關「美國 MENC 音樂課程標準」的內容所提及的課程指引、音樂能力評量以及音樂學習各領域內容及成就標準，希望音樂活動的指導人員遵此標準，做為設計活動之參考藍圖。書中所提及的音樂

創造能力評量方式，目的在於幫助教師們在教學過程中進行觀察評量，進一步了解孩子在活動過程中創造行為的表現。

　　本書最後一章主要為筆者多年教學經驗的精華，內容大多針對三到六歲幼兒所設計，最後幾個單元則可延伸至國小的學童來進行。每項活動均有一個單元來串連，每項單元均包含活動主題、學習目標、創造性教學策略的應用、教學資源及詳盡活動內容之敘述等。此外，筆者更在單元內容之後，為讀者進行課程的分析，其中包括：音樂作品的選擇、音樂及舞蹈要素的分析，以及教學媒介的運用（奧福樹分析）等，讓讀者能夠深入了解活動設計前應具備之基礎概念，做為未來自我研究的基礎。二版除了修正部分課程內容之外，並增加「聖誕節」、「洞洞遊戲」兩個主題活動。

黃麗卿　自序

2009/01/27

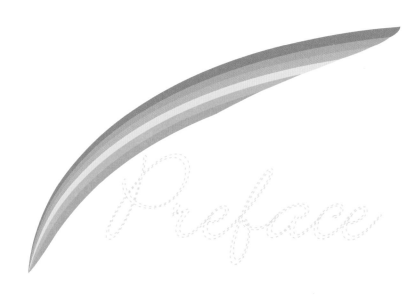

初版序

　　《創意的音樂律動遊戲》一書，是教你運用創作性教學策略來設計音樂律動課程的書，同時，它更是專為那些自認為音樂技巧不足，而不敢輕易嘗試音樂活動設計的幼教教師們所寫的一本書。此外，它還是一本兼具學理性與實務性的參考用書，書中內容特別結合幼教理念與幼兒音樂教育之整合性活動設計。過程說明相當淺顯易懂，不但適用於剛踏入本行的初任教師，對於已有多年教學經驗的資深教師而言，理論分析與活動設計分析及評量部分，特別能提供進一步研究的引導。

　　讀者在閱讀本書前應先體認到，音樂不只是生活上的享受、短暫的活動，而且是一門獨特的知識、技藝及學問，它能使兒童的童年充滿幸福、愉快，同時使生命更能擁有珍貴的價值。從出生到七歲，是一個人一生中的啟蒙時期，這段時期所經歷的種種事物和經驗，都將決定他將來的發展。換言之，這是人格形成的重要時期。在這階段中，幼兒尚無充分的閱讀及理解能力，對色彩辨別力雖已具有，但不敏銳。這個時期，只有對聲音的感受是最直接的。因此，對幼童而言，音樂無疑是最好的教育工具。

　　幼童喜好遊戲是他們的天性，再加上擁有非常獨特的創意思考能力，教師若能充分把握幼童的諸項特徵，經由「音樂律動遊戲」的引導過程，培養幼童習得音樂經驗，並將音樂融入律動、語言、戲劇、美術之中，再透過教師創意的引導，不難從中啟發幼童創造

力的潛能。伴著音樂成長的孩子，將更能體會人生的美善，也更懂得生活的福緣。因此，如何讓孩子們真正感受到音樂的溫暖及美麗，如何讓音樂融入孩子的生活，都是筆者經常思考的問題。

在筆者多年的教學經驗中一直無法突破的，就是不知如何帶動一群思考能力已經僵化的學生。由於受到傳統填鴨式教育的影響，在孩子們的學習經驗中，只有不斷的靠記憶去接受外界給他們的訊息，卻沒有刺激他們隨時動腦筋去解決難題的機會，而這一切的障礙必然導因於基礎教育的不當。也正因為有此深刻的體驗，更肯定個人從事幼兒階段音樂律動創造思考教學的動機。

另一方面，經過筆者多年來對國內幼教界生態的觀察中發現，目前存在幼稚園與托兒所的危機，在於才藝課程和才藝教師的介入，儼然取代了幼兒教師的課程設計和教學的機會。這群教師也許具備專業的音樂能力，但是，卻不甚了解幼兒的各方面發展特徵和學習心理。這種跡象顯示了國內的幼兒教師在某些方面的能力不足，無法勝任本身的工作和責任。

Jalongo（1990）在其所著的書中曾呼籲：「聘請藝術專業人員來從事才藝課程，無法像機構中的保育人員一般，因為他們只是局外人，缺乏和孩子經常互動的經驗，彼此間情緒的結合也不是很好。尤其，他們對課程的進行和參與只是短暫性的，更遑論能夠了解和熟悉每個孩子的個性和特徵。」他更強調：「專業藝術教師雖然能提供孩子正規的課程和創造性遊戲的機會，卻缺乏保育人員和孩子間持續性接觸的時間。」因此，他建議藝術專家只能提供較新的、較具革新性的教材和教法，並協助幼兒教師將表達藝術帶入課程中，卻不能完全取代幼兒教師的教學。基於此，筆者設計了一套能提升幼兒創造潛能的「音樂律動遊戲」單元活動，希望藉著本書的指引，提供幼兒教師在設計音樂律動遊戲課程時之參考，同時提升活動設

計的能力與信心，並從實際教學嘗試的經驗中獲得繼續成長的動力。書中所強調的創意音樂律動遊戲課程，主要是以奧福和達克羅采音樂及律動教學法為設計之基礎，強調以遊戲的方式，將音樂融入節奏、律動、戲劇、美術之統合自我表現藝術教學方案。以下所述為學者專家對自我表現藝術之界定，希望藉此幫助幼教教師們更進一步地了解本書中所提的創作性藝術表現的概念。

1. 創造性律動（Creative Movement）

指身體領悟、肢體協調、放鬆、彎曲等活動。

2. 音樂要素（Music Elements）

指旋律、節奏、動力和曲式的學習，同時能唱曲調優美的樂曲，並透過律動和樂器合奏的活動來發展注意聽音的習慣。

3. 創造性戲劇（Creative Drama）

是一種即席而作、並由教師引導的劇場形式。過程中不斷鼓勵孩子參與想像、扮演和反映人類經驗。它更是一種語言學習的媒介。

4. 視覺藝術（The Visual Arts）

視覺藝術是一種觸覺、運動覺的活動，這項活動可透過繪畫的線條、形式和內容幫助視覺的發展。

以下簡介本書各章節的主題：

第一章的內容是筆者經過廣泛的文獻蒐集工作，將學術界中致力研究創造力發展的國內外學者專家們對創造力所做的界定。教師們在這個章節中可以很清楚地了解什麼是創造力？什麼樣的孩子是具有創造力的？他們在人格特質上有哪些具體表現？

第二章則提到教師們在音樂活動實施中如何運用適當方法來啟

發孩子的創造力？內容中筆者針對國內外研究創造性教學策略的學者所提出的方法進行深入地剖析，並以淺顯易懂的例子說明之。書中並將個人在音樂欣賞發表及劇場實務教學的多年經驗，整理出一套特有的方式。

第三章主要在闡明廣泛的音樂經驗對於幼兒階段整體發展所扮演的角色模式，其中引自 Mary（1990）在其所著的書中所整理出來的幼兒各階段發展特徵和音樂經驗的關係，希望能提供教師在設計課程前先深入了解幼兒的行為特徵，藉此做為設計適當音樂活動的參考。另外，筆者對知名的幼兒教育專家——皮亞傑與布魯納等二人的發展理論與兒童音樂能力發展的關係做一番深入的分析，對音樂活動設計具有極大的啟示作用。

第四章就筆者設計創意的音樂律動遊戲前所參照的基本教育理念而言，其中主要的理論依據為奧福及達克羅采音樂教學法。文章中有關「美國 MENC 音樂課程標準」的內容所提及的課程指引、音樂能力評量以及音樂學習各領域內容及成就標準，希望音樂活動的指導人員遵此標準，做為設計活動之參考藍圖。書中所提及的音樂創造能力評量方式，目的在於幫助教師們在教學過程中進行觀察評量，進一步了解孩子在活動過程中創造行為的表現。

本書的最後一章主要為筆者多年教學經驗的精華，內容大多針對三到六歲幼兒所設計，而最後的幾個單元則可延伸至國小的學童來進行。每項活動均有一個單元來串連，每項單元均包含活動主題、學習目標、創造性教學策略的應用、教學資源及詳盡活動內容之敘述等。此外，筆者更在單元內容之後，為讀者進行課程的分析，其中包括：音樂作品的選擇、音樂及舞蹈要素的分析，以及教學媒介的運用（奧福樹分析）等，讓讀者能夠深入了解活動設計前應具備之基礎概念，做為未來自我研究的基礎。最後的附錄——單元教學

實錄中的內容即為筆者以敘述的方式，將某幾個單元實施現場教學的錄影資料轉換為文字而做的軼事紀錄，希望透過這些紀錄引導幼教教師進行所謂創意的教學方法。

黃麗卿　自序

1998/10

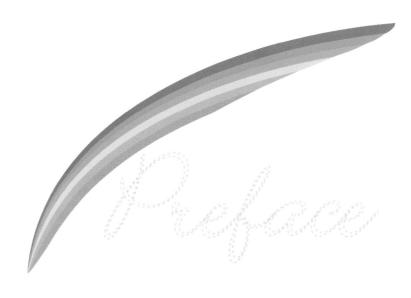

目 次

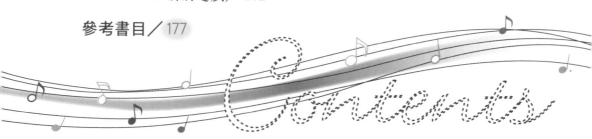

第1章

藝術教育對
創造力的影響

壹、藝術與創造力的關係

　　藝術可以提升多方面的生活品質，從孩子的早期教育到成年生活，藝術均扮演著重要的角色。它不僅能提高孩子的學業成就，參加音樂訓練的孩子，日後在閱讀、語言、數學甚或創造力方面，均明顯高於未受過音樂訓練的孩子。

　　2008 年，中國南京師範大學舉辦了兒童藝術國際研討會，此次會議的宗旨在於探討當前兒童藝術教育的理論與實踐問題，並進行國際間以及中國本土內的交流與對話。期望從多元學科觀點與多元領域觀點交融，以促成新思想、新觀點和新方法之發展方向。

　　大會邀請的學者中，包括中國著名的藝術教育專家——南京師範大學的滕守堯教授、台灣師範大學郭禎祥教授、美國肯恩大學兒童音樂專家陳莉莉（Lily, Chen-Hafteck）、美國紐約大學戲劇教育專家 Philip Taylor、美國哈佛大學藝術教育負責人 Steve Seidel 以及義大利著名的瑞吉歐兒童教育中心主任 Karla Rinaldi 等，每位與會的學者專家均對藝術影響個人發展提出有力的證據。

　　近幾十年來，藝術教育研究方面產生了很大的改變。過去，相較於小學以及中學的藝術教育，幼兒藝術教育一直受到忽視。但隨著社會經濟的發展，雙薪家庭急遽增加，大多數年齡低於五歲的幼兒必須進入托兒單位接受托育，正式教育的年齡層因而往下延伸。藝術研究方法論更受到各種方法論的影響，讓藝術教師重新體認到幼兒藝術教育哲學必須轉向對學習主體的關照，因此，我們急需發展更多新的教學方法來驗證新的幼兒教育理念與觀點（Chen-Hafteck, 2008）。尤其針對藝術與創造力發展之間的關係脈絡，更極須紮實

的方法論做爲研究基礎。

　　不僅藝術教學與研究必須重視方法論，對於藝術教學的評鑑亦必須根據多元知識概念。過去的評鑑模式往往未能顧及「審美」的角度，對於藝術中的鑑賞能力以及針對藝術作品的美學思考之培養，在幼兒藝術教學領域更是不足，許多藝術教育工作者太關注經驗技能的傳授，卻忽略藝術評鑑的價值。因此，我們需要重新界定與思考如何創造一個涵蓋藝術審美的課程，並以自己特有的方式客觀地評估幼兒所習得的知識技能。我們更需重新肯定「藝術的審美思考」以及「藝術的探索學習」同樣有助於幼兒的創意發想。

貳、藝術教育與人的持續性發展

　　根據生態學的觀點，只有在健康的文化生態中，幼兒才能成爲一個真正的藝術學習者。所謂健康的文化生態，必須建構在藝術教師正確的教學實踐上，並不時地思考以下的問題：幼兒是被動的接受者還是積極的探索者？藝術學習最有效的時刻是不是在學習者的全部感官都活絡起來的時候？對一個稱職的藝術學習者而言，練習和重複是否有必要？藝術學習者可以展現不同的學習風格嗎？教學過程中，教師若能經常反覆思考上述的問題，對幼兒創造力的持續發展會產生相當大的影響力。

　　另一個更值得藝術教育工作者深入思考的問題是，幼兒的學習是自我決定的還是由環境決定的？回答這個問題前，我們可以由杜威所提出的「教育是經驗的持續性再創造」來思考。

　　進步主義教育之父──美國哲學家杜威（Dewey, 1934）在其《藝術即經驗》（*Art as Experience*）中提到，藝術教師應多關注學

習者與外部環境、學習者與個人生活、學習者與社會之間的關係，並隨時塑造一個「經驗的持續性再創造」，藝術教師理應朝著培養一個具有不斷地發展自我並發現自我素質和能力的學習者。由此觀點，進步主義所強調的積極探索環境，是營造一個影響學習的重要外部因素。而這個外部環境正是激發幼兒提出疑問，並以各種創造性方式來進行學習的促因。

此外，藝術的學習更須重視學習整體性，這個部分主要受到格式塔心理學（Gestalt Psychology）所強調的「整體」與「聯繫」觀點的影響。他們認為學習是一種整體行為，整體並非部分與部分相加，而是部分與部分之間獨特的關係。這項觀點在阿思海姆（Rudolf Arnheim）的《藝術與視知覺》（*Art and Visual Perception: A Psychology of the Creative Eye*, 2004）中提供了最具體、最系統及最清晰的解釋，他指出想對一幅畫作出審美知覺，必須看到整體化的關係體系與面貌。

基於以上論述，提升幼兒創造力的音樂教學之課程設計理念，必須顧及幼兒整體的學習經驗。換言之，幼兒的音樂作品表現必須關注其節奏、律動、音色……等等的表現，這也同時點出了統整學習對幼兒全人培養的重要性。

第**2**章

如何從音樂律動遊戲活動中啟發孩子的創造力

　　創造性的環境在創造力的發展和創造的過程中具非常重要的地位；在兒童發展過程中，有創造性的環境才能培養具有創意的人格特質。「音樂探索教室」的概念，源於建構理論之說法，強調提供一個自由開放的學習環境。探索教室內必須具有豐富多元的探索媒材，讓幼兒能自由自在地選擇，嘗試自己感興趣的樂器或各種道具。如此寓教於樂的學習方式，將讓孩子對教室內的資源愛不釋手，更因為透過實際操作與親眼看過，使得印象更為深刻，學習效果更佳。

　　興趣是幼兒參與音樂活動的動力，音樂素材的提供是幼兒參與活動的基礎，多種多樣的操作材料則是激發幼兒興趣的源泉。因此，一個有創意的教師會提供幼兒豐富多樣的音樂素材、樂器，甚至是結合美術的素材，以開展多種形式的音樂活動。

壹、教師如何運用適當的方法啟發孩子的創造力

　　Joanne 曾建議五個原則供教師們參考（Joanne, 1992）：

1. 盡可能少去干預孩子的活動。
2. 不要提供孩子直接模仿的樣式。
3. 了解並重視孩子的發展階段。
4. 強調創作過程而非創造的產品。
5. 鼓勵孩子自己去評估自己的創作品。

　　Mary 也提到教師如何作計畫，以提供孩子成功的音樂經驗（Mary, 1990）：

1. 提供孩子的音樂類型可包括簡單的幼兒音樂，也可選擇簡單的成人音樂，諸如：聖詩、民謠、鄉村曲、流行曲、古典樂等。

2.盡量選擇一些教師所喜愛的曲子來配合活動設計，因爲教師愉快的心情很容易影響孩子的情緒。

3.小心地安排音樂的活動，以很有結構性的方式來安排自由或自發性的活動，但此種結構性的課程必須在孩子能專注學習時才可安排。

4.不要太在乎孩子所表現的歌聲之音色是否優美或舞蹈動作是否優雅？

5.成功的活動在於教師對孩子的任何要求都應有某種程度的彈性回應並給予積極的嘉勉。

　　Boyd等人則認爲教師在實施創意音樂律動時，應把握下列原則（Boyd, Law, & Chalk, 2003）：

1.教師應預備一個讓幼兒能主動學習的環境。

2.盡量降低教師的主導性，以提升幼兒的想像力。

3.運用各種不同速度和節奏的音樂來搭配律動。

4.讓教室充滿愉悅的氣氛，對幼兒成功的表現給予正向的鼓勵。

5.多尊重幼兒所擁有的身體空間，並能欣賞幼兒所表現的各種身體造型或線條美感。

　　此外，爲了使教學達到完美的程度，在課程設計時必須小心運用設計技巧；教案的價值如同一個顧問。教師在實施創造思考教學前，若能將許多專家學者所研究的策略融會貫通，並選取適當的策略，以爲設計教學計畫之參考，則較能達到創造思考教學之目的。

貳、教學活動設計可參考之創造性教學策略

1.解凍或暖身

提供孩子安全和自由探索的環境及學習氣氛。解凍的方法很多，譬如：教學過程中，教師可經常表現出傾聽、微笑、接納性的點頭，或者在課程開始前先來一段身體的暖身活動，這些都是很好的解凍方法，可以讓孩子在心情最輕鬆的狀態下，表現出豐富的創意。

2.腦力激盪術

主要是利用集體思考的方式，鼓勵孩子盡量說出各種與眾不同的意見或想法。在身體律動時，則可激勵幼兒做出各種變化的動作。

3.屬性列舉法

教師在實施教學時，可先讓孩子觀察物品的屬性，然後提出該物品的特性或操作方法。譬如：讓幼兒觀察呼拉圈的特性之後，預留一段時間讓孩子把玩，並鼓勵他們運用各種不同方式，如：轉、套、丟……等方法和呼拉圈互動一番。或者提供各種顏色的絲巾，讓孩子說出絲巾的特性，如：柔軟的、可以飄起來的、輕輕的……等，並讓他們用絲巾來表現各種不同的動作。

4.六 W 檢討法

係鼓勵幼兒由六個角度來思考，為什麼（why）、做什麼（what）、何 人（who）、何 時（when）、何 地（where）、如 何（how），並以此作為發問的題目。譬如：小蜘蛛通常在哪裡結網

（where）、蜘蛛所結的網像什麼形狀（what）、白鷺鷥如何站立（how）……等，此法亦屬開放性問答技術之一種運用。

5.狂想類推

主要是將兩項事物、觀念或人物作直接比擬，或者讓孩子以不尋常的思路，去想像各種稀奇的事情，以達到奇思異想的目的。譬如：由教師帶領孩子假設上山探險的情境，並引導孩子思考在爬山過程中所有可能發生的情況，接著用肢體來表現一些想像的動作。

6.自由聯想技術

所謂「自由聯想技術」，乃是教師提供一個刺激，讓孩子以不同的方式反應，孩子可由其經驗中，運用聯想的技巧，去尋找並建立事物間新而富有意義的聯結關係（陳龍安，1994）。例如：在「刮大風」的主題中，教師可指導孩子聯想當大風吹起後，所有自然界或周遭環境中可能出現的情境，並鼓勵孩子用圖形表現出來。

7.歸因法

即指導孩子由事物所具備的各種屬性、特徵或特質中，找出共同的，並加以歸類。如：在所有由孩子所蒐集的克難樂器中，將音色相同的樂器擺在一起。換言之，即指導孩子去探索事物間之相似性，例如：在孩子面前呈現各種不同種類的樂器，給孩子充分的時間去思考，最後決定希望用哪一種方式來分類。如：依照音色、材料或其他方式。

8.激發法

運用「發問十字訣」，提出開放性的問題，激發孩子去發現、試探事物的新意義。例如：利用肢體與大型海浪布共同創作出各種海浪之變化，諸如：平靜的海、洶湧的海……等。

9.重組法

即利用重組結構的方式，獲致新的結果。例如：利用身體線條來表現各種主題造形，如：蛋糕、火車鐵軌、獨木橋……等。或由教師給予孩子各種不同的素材，再由其排列、組合成新的又有意義的整體。例如：提供各種紙箱、布料、廢棄物……等，請孩子組合成茅草屋或其他物品。

10.直觀表達法

指導孩子經常運用五官的感覺，並加入自己豐富的想像力，最後利用各種方式表達出來。如：利用肢體表現出對某些音樂的喜、怒、哀、樂的感覺。

11.知覺化技術

即在音樂教學過程中，由教師作一段節奏之後，請兒童仔細觀察，再由兒童創作出另一種節奏型態。

綜合上述，筆者發現歷年來國內外研究創造思考策略的專家學者頗多，而策略的內涵亦各有特色，教師在教學前若能對各種教學策略深入地做一番剖析，對達到創造性教學目標，必然有所助益。

參、音樂欣賞與發表的設計與教學

一、音樂欣賞五階段教學

利用音樂做為媒介，藉著音樂來激發孩子的想像力，是音樂欣

賞課程的重要目標。音樂具有豐富的感動力，能啟發孩子無限的想像空間，同時可依不同的生活經驗，表達個人的獨特意念——較大的孩子可引導他們用文字來表達；但對於較小的幼兒，則可鼓勵他們用口語或動作來呈現。以下簡介筆者所設計的音樂欣賞五階段教學內容，供幼師們在活動引導時之參考：

　　以本書「小泡泡旅行去」單元中介紹孩子聆聽「水族」音樂為例，整個教學過程，可圖示如下：提示想像→聽音→感覺→再聽音→表現和創作。

(一)提示想像

1. 教師告訴孩子這是一首描寫「水族箱」的音樂。
2. 問孩子：「水族箱內有哪些東西？哪些是會動的？哪些是不會動的？」
3. 問他們：「你所聽到音樂裡，哪些聲音可能是水族箱內會發出的聲音？」
4. 告訴孩子音樂中可能會出現一些樂器的聲音，請他們注意聆聽。

(二)聽音

　　由教師播放「水族」這首音樂讓孩子聆聽，並引導他們與剛剛的問題做聯想。

(三)感覺（發表感受）

　　在孩子聆聽完音樂後，鼓勵孩子運用自己的想像力口頭發表他的感覺。教師引導時，需注意以能激發孩子的想像為主，切忌給予太多的提示，或暗示教師希望獲得的結果或答案。

㈣再聽音

教師針對剛剛孩子所發表的結果做適當的引導，提供孩子未能注意或遺漏的部分，請他們更專注地聆賞。

㈤表現和創作

指導孩子根據剛剛所想像的結果，用舞蹈、繪畫或演奏的型態來做發表，並在過程中指導孩子多表現獨特性。

二、運用圖畫輔助音樂教學的活動──音樂圖譜

運用圖畫輔助音樂教學的活動，是將樂譜轉化成圖形譜來幫助學習者掌握樂曲的內容，從圖形設計「點、線、面」的要素中，找出圖形如何應用在音樂教學的部分，本書中「諾亞方舟」的單元即為圖譜應用的實例。

音樂是時間的藝術，繪畫是空間的藝術，兩者表達的媒介雖有很大的差別，然其藝術本質有著不可分割的融通性。如旋律即線條、快慢與節奏即構圖的律動、和聲即空間、音色即光影與質感、曲式即布局、強弱即色彩。由此可見，音樂與繪畫有著密不可分的關係（陳淑文，1992）。以下內容是筆者為本課程所希望達到的教學目標、教學程序及原則嘗試作一統整及分析：

㈠教學目標

1. 培養尋找聲音，並將各種聲音加以組合的能力。
2. 培養想像以及創造聲音的能力。
3. 增進與他人溝通的目的。
4. 利用符號或圖案來表現圖譜，創作另一種形式的譜曲法更符合幼

兒所需。

5.增加分工合作的機會。

(二)教學程序

1.事先蒐集各種圖畫、童詩、童謠、故事，以刺激孩子思考、想像
　的能力。

2.給予簡易的「節奏方格」練習，訓練孩子注視圖形的專注力。

3.指導「聲音創作練習」說明圖形及符號之運用、表現線條弧度、
　聲音高低、長短、大小，以及音樂的時間。

4.以主題故事或詩作引導，共同尋找各種與主題有共同點的聲音，
　之後再將圖畫移開，列出可能之現象。

5.由孩子自行創作音型和樂器或聲音之種類。

(三)設計原則

1.適合幼稚園大班或小學低年級兒童。

2.接受及參與活動之孩子必須事先知道如何控制各種樂器。

3.要求表現之內容較具故事性、戲劇化，避免太詮釋聲音。

4.要求孩子多運用及發揮想像之空間，以提升創作之品質。

(四)設計範例

・樂器與音型之關係：

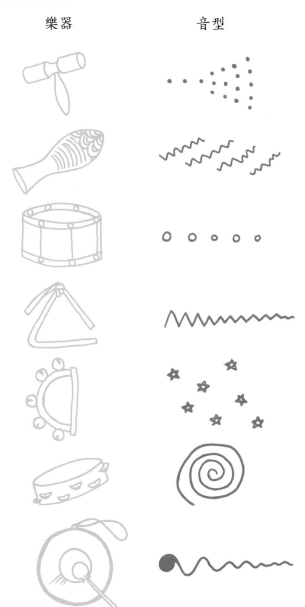

樂器　　　　　　　　音型

▌肆、音樂劇場實務

　　由於音樂與其他藝術型態結合的呈現方式，在最近幾年頗為盛行，本書的另一項特色，即在活動中以戲劇來統合音樂與律動遊戲做為設計的基礎。音樂戲劇活動的本質實際上就是一種遊戲，主要是透過戲劇作為教學的一種方法，把活動變成遊戲，把教室變成娛樂的場地，由兒童自由創作，親手製作服裝、道具，親自扮演劇中的角色。它不在乎如何演出，而重在情感的表現和想像的發揮；它提供兒童自編、自導、自演的機會和充分發展的自由；也鼓勵兒童做即興、純真、自然的表現，而教師在創造性戲劇的活動中常常扮演的是輔導的角色。

　　一齣內容豐富、生動有趣的兒童音樂劇，不但能刺激幼兒思路的活絡，自由搭配道具、背景、服裝；更要能充分展現肢體的活動及舞台、空間的運用；且需配合音樂的表演。因此，音樂劇的演出頗能發展幼兒多方面的能力。

　　假若是由幼兒園的教師組成的劇團演出，則需考慮在演出前做好分工的工作。以下介紹一般兒童劇發表會時可能包括的工作職掌範圍，各幼兒園可視需要及人力資源做適當的調整及分配：

1. 原始劇本蒐集
2. 改編劇本
3. 製作人（製作助理）
4. 音樂指導（選曲、配樂）
5. 編舞及舞蹈指導
6. 舞台監督（助理舞台監督）

7.後台處理群

8.燈光、音效控制

9.基本或特殊服飾設計

10.道具、布景設計及製作

▓ 伍、在音樂活動中繪本的運用

　　本書的主題活動中,「好忙的蜘蛛」、「彩虹魚」、「月亮的故事」及「好餓的毛毛蟲」等,都是將童書繪本運用在音樂活動的例子。下文中筆者嘗試運用一本大部頭童書繪本,作為一個活動範例,文中的活動涵蓋藝術、社會、科學、數學的活動,幫助音樂教師運用坊間的繪本,設計統整藝術、人文、自然等領域的課程,希望藉此文鼓勵教師發揮創意思考,與音樂律動做有意義的聯結,或發展相關領域的延伸活動。

　　將兒童文學教材帶入幼稚園的單元活動中,並根據主題發展出不同領域的課程,是最近幼教教學流行的趨勢。其實運用圖畫書中所蘊藏的組織模式而言,它不但能幫助孩子發展閱讀的信心,以及說話藝術的潛能之外,更能透過課程中所進行的各項互動,培養孩子獨立閱讀或與他人分享閱讀的能力,以及各種藝術能力的發展。

　　當你運用圖畫書來進行教學時,可以根據孩子的興趣以及你對孩子閱讀上的了解來設計個別的主題活動。

1.根據孩子對圖畫書中熟悉的內容,可以擴展出三到七個主題。

2.要塑造孩子基本的閱讀經驗,首先需要建立他們對書籍的信任感。

3.利用團體或小組教學方式讓孩子們有機會來分享故事所帶給他們的樂趣,是建立閱讀信心的有效法則。

(一)利用繪本設計各類型活動

　　利用文學作品的教學活動除了帶給孩子語文方面的發展外，若能同時兼顧其他領域的學習，不但可豐富教材的延展性，更能兼顧孩子的全人發展。

　　以下幾點建議，供教師們參考：

◎藝術活動

　　教師可設計與故事主題相關的繪畫、塑造、戲劇、音樂、歌唱遊戲、詩歌和韻律活動等。譬如：在說完「彩虹魚」的故事後，可以和孩子玩模擬魚的身體造型韻律活動，或讓孩子在魚的模型圖貼上五顏六色的亮片等，或者利用螢光顏料讓幼兒在黑色紙上作畫。若加上音樂背景說故事更能增加趣味性。

我是可愛毛毛蟲

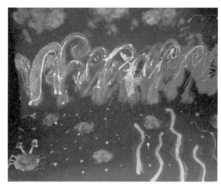

黑光劇場

利用魚類道具增加戲劇的趣味性

◎ 數學活動

若故事書中包含數字性內容者，那麼設計一些發展孩子數字概念或練習閱讀圖表的活動都是非常好的。譬如：在《好餓的毛毛蟲》這本書中，會介紹孩子認識一到七的數字概念，因此，故事活動進行完畢後，接著和孩子玩一到七的數數或配對遊戲，都是建議的延伸活動。

◎ 科學活動

　　雖然，故事內容不見得會涵蓋科學知識，但是，教師們仍然可以根據書本的特性，設計一些讓孩子親手操作或者分類和歸類的學習活動，或提供野外旅行、研究和觀察的經驗，譬如：觀察毛毛蟲的生態與其成長過程；或者來一趟野外採集之旅，是在閱讀《好餓的毛毛蟲》這本書之後可以引導孩子更深一層地認識毛毛蟲特性的延伸活動。

◎ 社會活動

　　與故事內容相關的社區參觀教學、野外旅行、和專家面談等活動，譬如：閱讀與車子主題相關的圖畫書後，可以安排孩子們去參觀交通博物館，讓他們進一步認識車子的種類與功能；或者參觀消防隊，並請消防隊員為孩子們解說消防車的功能。

◎ 活動實例

　　為了讓讀者能深入地了解如何運用圖畫書來設計與進行系列的活動，筆者特別選了一本文學教材——《運輸列車》（*Freight Train*; Crews, 1993）的大書做為範例，說明如下：《運輸列車》是一本非常特別的大開本童書，它能讓教師擁有更好的教學品質，並感受到教學的樂趣。大開本童書除了能擴展孩子的文學生活外，對正向的文學閱讀經驗更有幫助。尤其，較大的文字與圖片能允許教室中所有的孩子都能分享到它的美感和故事情節，對書中的童詩與趣事也能有比較長久的記憶。特別是在小組的學習活動中，透過教師的導讀以及讀後的分享與討論，無形中豐富了孩子的口語表達能力。

　　《運輸列車》和運輸工具以及旅行有關，同時也是一本強調色彩學習的圖書。教師有責任將孩子生活經驗中所感興趣的部分與本

書中的內容二者密切聯結在一起，同時將閱讀的範圍拓展到與孩子生活經驗相關的其他領域。

　　首先爲孩子準備一個與書邂逅的成功經驗，這可能是教師該安排的第一堂課程。

　　以下的幾個步驟可以做爲設計的參考：

第一堂課

- 盡可能讓孩子舒適地圍繞在你四周。
- 把書展示給他們看，請他們注意看看封面及封底，和他們談談作者或插畫家的生平。告訴他們故事從哪裡開始？每一頁插圖的美感或特性在哪裡？
- 找一些問題問問他們，諸如：「你在書中看到些什麼？」「你認爲這本書如何？」或者「你認爲書上發生些什麼事？」
- 誠懇且愉快地把故事從頭講一遍，你對故事本身所表現出來的興趣與喜悅的態度，對孩子興趣的引發是很重要的。
- 請孩子說出他們對故事的看法，他喜歡這個故事嗎？他們對故事中哪一些情節特別感到興趣？這個故事是否讓他們聯想到其他故事，或生活中和故事有關的經驗？讓孩子用口語或繪圖的方式表達出這個部分。

第二堂課

- 重新再把故事唸一遍，這一次要特別著重在文字的個別意義上，諸如：慣例上文字由左到右的印刷。每一頁講完後應稍做暫停，以便和孩子們進行討論活動。
- 注意孩子們在整個閱讀過程中所說的話以及所表現的行爲，觀察他們對故事的了解程度，他們是否能完整地表達他們的想法？另外，讓孩子們用畫筆畫出剛剛所讀到的一些情節，

或激發他們說出對故事的想法。

第三堂課

- 中間不間斷地把故事從頭再唸一遍，請孩子一起回憶故事中的每一個段落，教師則運用聲音和臉部表情，來強調你希望孩子們在故事中應特別注意的字、段落或結果。

- 之後，鼓勵孩子和同伴們一起分享他們所讀到的故事，並用自己的話加上聲音、肢體或臉部表情來說這個故事。

第四堂課

- 鼓勵孩子一起跟著唸故事，譬如：讓他們一個接著一個跟著教師唸（此種方式的文字韻律就像火車沿著鐵軌移動似地）。這一次孩子們將更能夠了解整個故事的情節，也能夠臆測前因後果，並意識到頭尾的呼應。

第五堂課

- 為故事設計某些戲劇性的活動，諸如：一齣戲劇性偶劇，可以幫助孩子更了解書中的意義以及故事的結構。由於《運輸列車》是一本以圖畫為主的圖書，並無特定的故事情節，若孩子的能力足夠，還可以指導他們虛構故事情節，進行扮演遊戲。

- 為了增加戲劇表演的趣味性，可由教師提供角色扮演時可能會使用到的素材，讓孩子裝扮自己，藉此增進孩子的創造能力。

我們是一列火車

(二)利用繪本可進行的延伸活動

　　為了增加繪本的使用價值，教師可以接著設計一些相關的活動，讓孩子們對書的興趣得以繼續延伸。以下繼續以《運輸列車》大書為例，介紹各領域可以延伸的相關活動：

◎ 社會活動

• 安排一趟科學博物館的參觀活動，讓孩子特別注意觀察交通工具展示的部門。

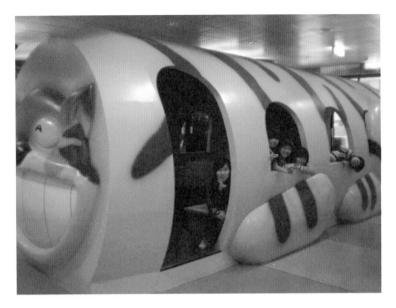

參觀交通工具展示部門

- 戶外教學活動之後，鼓勵孩子將他們的經驗用簡短的故事表達出來，或者讓孩子學習編製一本簡單的小書，譬如：用火車外形剪成玩具書，享受自製小書所帶給他們的樂趣。

- 邀請年資較深的火車站員到教室內，和孩子們一起討論他們一天的工作，相信有些駐站員對這項和孩子分享工作經驗的活動會非常感興趣。

藝術活動

- 到戶外或運動場時，盡可能讓孩子去體驗一下到處走走、穿越某種東西，以及繞著某些東西移動的感覺。在活動當中鼓勵孩子在地上爬一爬、跳一跳、跑一跑、滑一滑，或者用肢體搭建一長條形、假裝列車爬上山坡時嘎嘎作響的聲音；快速地移動列車；讓列車繞著曲線、直線或弧線轉。總之，讓孩子們盡一切可能自由去想像，並做出這項身體的韻律活動。

過山洞了

- 運用木片或木削來做鐵軌和列車的造型遊戲，盡可能提供孩子鐵槌和釘子，讓他們從事這項工作。

科學活動

- 由於本書是一本教導孩子認識色彩的書，因此在和孩子共同討論顏色的課程中，可以準備一些三稜鏡，讓它投射在牆上以製造美麗的七色光，同時和孩子們一起討論有關彩虹的問題。

- 利用色卡以及各類列車圖形卡設計賓果遊戲，讓他們在自由

活動的時間當中能夠自己操作學習。

㈢課後評量

在各項活動進行的過程當中，教師可一邊評量孩子的各項學習效果，以下幾點可以做為教師實施評量的參考：

- 觀察孩子們對圖畫書的反應，並且注意孩子在活動中對這本書的興趣、專注及喜好程度上的轉變。
- 收集孩子們在圖畫書延伸活動中的一些作品，如：自己設計的小書及其他延伸活動中屬於孩子的創作等等。若能在作品上加註日期，就是一項孩子個人成長與發展上的重要證明。
- 安排分享的討論活動，和孩子們談談對本單元活動的想法，並給予適當的讚美與鼓勵。

第 **3** 章

音樂在幼兒
發展過程中的
角色模式

幼兒期是孩子由探索經驗中，發展相關音樂經驗的黃金時期，音樂經驗是一項重要的認知經驗，它可以讓幼兒在發展全人過程中，獲得美感與技能方面的平衡發展。事實上，孩子在出生前即對音樂有非常強烈的感覺，而一個人的學習是從「感覺」的體驗開始的。在生命的最初六年，是人類發展過程中最精采的一段時期，由於這段時期的孩子本身擁有非常強烈的學習慾望，對生活中一切活動充滿強烈的學習力與創造力；再加上活潑好動、缺乏持久注意力、喜愛競賽、常運用感官探索周遭世界，以及獨立自主需求強的特性。因此，在發展過程中，孩子所表現出來的是一個十足的感覺運動之探索者和冒險家。

壹、音樂與聽覺發展的關係

人的感覺——味覺、嗅覺、觸覺、聽覺、視覺——中，與音樂有密切關係的聽覺器官，雖在胎中已甚發達，但聽覺據說是從出生24～36 小時開始的。聽覺的發達過程已有許多專家從音的高低感、強弱感、方向感做過實驗，而大體說來，聽覺的發達在出生的四、五個月便有成人一般的反應了。這也就是說聽覺的發達在人出生後半歲以前已完成（林東哲，1978）。

嬰兒是天生的「聆聽者」，他們經常會注意生活周遭所發出的聲音，尤其由人所發出的聲音是他們的最愛（Weiser, 1982; Kelly & Sutton-Smiss, 1987）。過去二十年來，許多研究者對嬰兒的音樂能力發展，以及嬰兒們如何回應環境所給予他們的刺激等問題非常感興趣。Weiser（1982）曾列出嬰兒從事學習活動的三種方式：五種感官的統合學習、律動的能力，以及天生的好奇心。由此可知，幼

兒將來是否能擁有唱歌和節奏等音樂的技巧能力，乃依循著生理性協調能力與心理成熟而定。

貳、音樂與概念發展的關係

　　音樂概念的發展直接與幼兒的思考能力相關，因為幼兒是屬於行動中思考的人。音樂概念的發展包括了：唱歌、語言節奏、聽音、律動、創造力、探索，以及各種節奏樂器的探索，上述這些概念的獲得必須透過真實的學習情境（Alvarez, 1993）。Ramsy（1981）的研究中發現，三至四歲的孩子即具有旋律、音程和節奏的概念。當孩子漸漸成熟之後，他們對音樂的聽辨能力與了解能力也同時獲得改善。孩子們對各項音樂概念的了解，有助於未來聆賞各種音樂、學習閱讀音樂，以及創造音樂的能力。

　　關於學齡前幼兒所具備的音樂概念大致如下：

(一)音色

　　幼兒具有分辨各種樂器與不同來源聲音的能力，由於各種聲音具有不同的曲調特質，因此很容易進行區辨。如：用鋼琴和小提琴演奏相同的曲調，因聲音來源不同，因此具有不同的音色。

(二)力度

　　幼兒具有區辨大聲和小聲、強音和弱音的能力，幼兒在唱歌與演奏樂器的時候，是幫助他們建立力度控制能力的基礎。

(三)節奏

　　幼兒具有辨別固定拍、快拍子和慢拍子的能力，對幼兒而言，

經驗和表達音樂時，「節奏」是最重要的一項元素。

㈣旋律

　　幼兒具有區辨和分辨高低音，以及畫出旋律線條的能力，大多數的幼兒可模唱音高，亦可模唱旋律，此項能力的高低取決於幼兒是否有更多機會聆聽自己所唱的歌，或獨自唱簡單的反覆性旋律。

㈤曲式

　　幼兒具有區辨相同或組織不同樂句的能力，他們已能藉由「模進」（watch & action）歌曲，與他人分享音樂知識。

參、音樂與認知發展的關係

　　所謂「認知」（cognition），含有求知（come to know）、辨識（recognize）的意義。大多數的教育家都承認，孩提時期是奠定個人發展最高智慧和創造力的時期。著名的認知理論專家如：皮亞傑（Piaget, 1970）和布魯納（Bruner, 1968）等人的教育理論也都被世界所認同，尤其是對後來的研究者在作計畫、組織課程和實施教學時有很大的影響。目前有許多音樂教育研究者企圖發現這兩位著名的教育學者之教育理論與音樂能力發展上的關係，本節即試著由皮亞傑和布魯納的觀點來探討其教育理論與幼兒音樂能力發展的關係。

一、皮亞傑「認知發展階段」理論與兒童音樂能力發展的關係

　　所謂音樂的認知能力包括：記憶旋律的能力、記憶音程的能力

及區辨音調的能力等，這些能力會隨著孩子的發展而更臻成熟（Bartlett & Dowling, 1980）。在皮亞傑的理論中，提到孩子自我中心的特徵以及固著於一件事物的屬性，這些心理傾向可能干擾到學習時對整體事物的了解。在一些有關聽音行為方面的研究中顯示出，某些音樂要素的發展可能比其他要素更容易被區別和了解。譬如：孩子對力度和音色的反應與區辨能力，較之曲調和節奏能力發展得早，至於對和聲及曲式的了解，則是最後才發展完成的（Greenberg, 1976; Moog, 1976; Zimmerman, 1971）。因此，對幼兒而言，音色的探索活動、音樂上力度對比的經驗與節奏遊戲，比和聲及曲式的活動更適合。

　　皮亞傑的「階段性發展理論」中，學齡前的幼兒正處於感覺動作和運思前期，此階段幼兒的思考途徑主要是經由象徵性遊戲及模仿的過程，在音樂的學習領域中，則以說白、肢體節奏等具體動作經驗轉移至象徵性的音符認知經驗。Wadsworth（1979）、Erickson（1963），以及 Todd 和 Herrman（1977）曾根據皮亞傑的認知理論整理出有關各階段幼兒發展特徵和音樂經驗的關係，如下表所示：

表一　各階段幼童行為發展特徵與音樂經驗的關係

年齡	行為特徵	音樂經驗
新生兒→一個月	藉著身體擺動來回應刺激。	發出微弱的聲音並徐徐移動身體，此期給予聲音刺激非常重要。
一→四個月	由「聽」到「傾聽」的改變。 會將頭轉向刺激物的來源。 用眼睛探索刺激物的移動。	音樂經驗與新生兒同。

（續上表）

四→八個月	伴隨著有目的性的活動。 對有興趣的事物會反覆的操弄。 發展手眼協調的能力。	會反覆不斷的敲擊懸掛的鈴以聆聽聲音。
八→十二個月	會預期事件的發生。 出現模仿行為。 會表示意念。 了解樂器的功能。	用敲擊棍敲打鼓或木琴。 跟著音樂拍手。 敲擊各種樂器以製造聲音。 認識樂器的不同。
十二→十八個月	創作新的動作。 以嘗試錯誤的方式來解決問題。	以不同材料運用不同方法來敲擊樂器，以獲取不同的經驗。
十八→二十四個月	透過先前的經驗來創造新的動作。 模仿觀察到的行為。	大人引導的活動結束後，幼兒本身仍繼續其音樂活動的進行。 喜歡收聽音樂並會隨著音樂手舞足蹈。
二歲	在空地上跳舞。 輕跳、跑步。 語言能力較進步了。 注意力較短暫。 嘗試運用一些詞彙或字來說話。 發展獨立性且好奇。 容易疲倦。	喜歡活潑的曲子並隨音樂跳舞。 喜歡跟著大人做簡單的動作。 能學習簡短的歌曲。 喜歡敲打樂器並聽不同的聲音。 在費力的節奏活動之後應有休息時間，盡量避免太長的活動。

（續上表）

三歲	隨著音樂做走、跑、跳的活動。 自我控制能力增加。 專注事物的能力增加。 使用更多的字彙。 會比較兩種不同的物體。 能參與大人的活動計畫。 開始顯露出創新的能力。	喜歡用比較特殊的音樂來進行律動。 能等待一段短暫的時間。 能唱較長的歌曲。 開始唱歌詞或傳統歌謠。 在團體活動中，經驗聲音的對比。 喜歡不同的旋律，且能自由組合。 嘗試以自己的想法來選擇重要的音樂經驗。
四歲	對規則感到興趣。 能配合大人的計畫進行活動。 喜愛想像的活動。 擁有更好的運動控制能力。 可做跑跳及其他的移位動作。	可進行有規則可循的歌曲或遊戲。 能回應大人所設計的音樂活動。 能嘗試為歌曲配上樂器。 喜愛戲劇性的律動。 喜愛玩弄鋼琴及其他樂器。 能辨別簡單的旋律。
五歲→六歲	擁有相當好的運動控制能力。 喜愛規則。 視力尚未發展完全，眼球移動緩慢，因此觀看小的圖案或線條有困難。 心臟血管之循環系統改變。	能跟隨較特殊的節奏模式做動作。 喜愛具規則性的歌曲和舞蹈。 能在鋼琴上找到正確音高。 喜歡較大的音樂教具。 配合生理的改變，可給予變化較多的活動。

（續上表）

七歲→八歲	開始閱讀具象徵性的符號。 關心遊戲規則。 發展合作與競爭的行為。 出現邏輯思考過程。 能比較兩個以上的物品。 喜愛由男女兩種角色所組成的小團體遊戲。	能閱讀五線譜或各種音符。 對規則性的舞蹈和曲子感興趣。 喜愛合唱或其他與同伴一起進行的音樂活動。 由幻想進入現實。 能比較三種以上的聲音或音高。 喜愛從事團體活動，諸如：歌唱遊戲、非正式的樂器表演、說白遊戲。

（引自 Mary, M., 1990）

　　由上表得知，個別的發展速率雖然有所不同，但是發展的順序卻是有模式可尋的。如同其他領域的課程，適當的音樂活動設計，必須仰賴教師對孩子各階段發展特徵的了解。Serafine 曾在 1980 年根據皮亞傑階段發展理論的特徵，提出其對幼兒適合從事的音樂活動之建議：

(一)感覺動作期

1. 嬰兒需要睡眠，因此選擇具有安靜感的音樂為宜。因為這種音樂之速度與拍子較穩定，音響之強度較小。
2. 進行「聲音模仿遊戲」，由大人模仿孩子所發出的聲音，這時候孩子也會試著重複發出大人所模仿的聲音。
3. 玩「發現聲音」的遊戲，此類活動可幫助孩子盡興地去探索和發現聲音的來源。音源可以包括：從自己身體發出的，如：拍掌聲、

哭、笑聲……；周圍環境的聲音，如：風聲、雨聲、鐘錶滴答聲……等。

4.提供豐富的感官經驗：布置一個充滿音樂、節奏、律動的環境，藉此培養孩子的知覺能力。

(二)運思前期

1.自我中心期的孩子無法以他人的立場和角度來思考事情，因此不適合從事團體競爭性遊戲，而以個別的音樂活動，諸如：手指謠或簡單的音樂遊戲為宜。

2.可以和二、三歲的孩子玩「躲貓貓」的遊戲，這類活動可訓練幼兒根據聲音的線索去發現聲音的來源。

3.心智上的「可逆性思考」和「邏輯推理能力」對運思前期的幼兒來說是相當困難的。譬如：讓幼兒反覆地敲擊「頑固伴奏」以作為歌曲的伴奏活動，我們會發現有許多幼兒無法勝任這項工作。其原因在於，幼兒缺乏邏輯推理的能力（往後推理何種節奏模式是每一次反覆時的開端），他們很可能會將♩♫♩♩的模型分割成♩♫和♩♩二個部分。由於，幼兒只注重整體而無法進行部分的思考，因此，對一個三、四歲的孩子而言，這項活動是無法做得很精確的（Kammii & DeVries, 1980）。

4.運思前期幼兒的另一項特徵為缺乏保留的概念。所謂音樂的保留概念是，當音樂在形式或量度上改變，而其實質未變，但幼兒無法了解其質量仍保持不變之心理傾向。例如：在固定拍中添加其他節奏模式對學前幼兒來說，是相當困難的。

二、布魯納「認知發展理論」與兒童音樂能力發展 的關係

布魯納（Bruner, 1968）對於人類認知心理歷程的研究，多年來曾從知覺、推理思考、認知表徵、教育，及嬰兒期的動作技巧等領域加以探討。布魯納提出一套「表徵系統」理論，藉著這個系統，個體對外在環境中重複發生的外顯行為，以一種易於掌握的方式加以保留。他認為學習者「儲存與利用」資訊的模式乃經由「動作表徵」（enactive representation）、「影像表徵」（iconic representation），以及「符號表徵」（symbolic representation）等三種途徑（Bruner, 1968）。

「動作表徵」是幼兒一、二歲間最常用的認知方式，他們經常藉由抓、握的動作，與周遭環境中的各種事物產生關聯；藉由感覺性與運動性的探索活動來獲得知識。音樂活動方面則經常透過身體律動表現出他對音樂的感受。

幼兒三歲後即進入「影像表徵」期，這個時期的孩子已能透過心理象徵（mental symbol）來表示未在眼前出現的事物，亦即幼兒不必藉由感官、動作的操作，而能以象徵的方式來表示物體或事件本身。在音樂活動中，孩子經常會將手鼓想像成月亮的象徵、將呼拉圈當作鏡子來玩動作模仿遊戲。由於圖畫和影像對這個階段的孩子具有某種特殊的意義，因此，教學活動中可以蒐集與聲音高低、音樂速度快慢有關的圖片（視覺符號），讓幼兒利用樂器來敲奏。

「符號表徵」時期是幼兒開始建構自己知識的時期。孩子運用「符號思考」是很重要的知識建構過程。當幼兒開始運用心智影像和語言時，他們便擁有了一種表徵方式，並會對事情做較長遠的思考，不再受限於「立即性經驗」。要能理解符號的意義，幼兒必須

從與多元物體互動經驗中建構其意義，換言之，理解抽象層次須根於幼兒具體而直接的經驗。

Bruner（1968）在其所著的 *Toward a Theory of Instruction* 一書中曾建議教學必須探討的幾個主題：

(一)學習意向

在孩子進入學齡期之前，尚未具備學習的意向，因此教師在指導孩子學習時應該透過三方面的歷程：亦即誘導（activation）、維持（maintenance）及指導（direction）。當孩子具有喜愛學習的傾向時，他便會開始好奇於環境中各種人、事、物的特徵，這些都是引發未來從事探究活動的獨特經驗。

(二)知識的構造

教材的提供要以知識構造為基礎，教師若能以具結構性的方式來組織音樂教材，那麼孩子便較能夠掌握學習的目標。譬如：要加強孩子對一拍和半拍的了解與感受，在教材的呈現上應該根據下面的步驟：

1. 準備適當的曲子。
2. 以視覺上的具體事物，加強孩子區分一拍中一個聲音或二個聲音。
3. 引導孩子將聲音、符號及名稱聯貫起來。
4. 利用已知素材和陌生素材加強孩子對一拍和半拍的了解與感受（鄭方靖，1993）。

(三)最有效的教學順序

根據布魯納的看法，教師應以何種方式和順序來呈現教材，必須考慮個體的認知發展歷程。譬如：正處於影像表徵期的孩子，教

師在教聲音高低時可多準備一些與聲音對比有關的圖卡，如此，必能有效地達到教學的目的。

(四)報酬與懲罰的性質和步驟

布魯納認為，引導兒童從事有效的學習活動，最重要的是，要使他免於受到外在環境酬賞和懲罰的直接制約。因此，教師若能具備相當的專業素養，懂得適時地誘導孩子自發性的學習動機，讓孩子認為學習是為自己而學習，由內在酬賞而獲得自我之滿足，才是有效教學的原則。

綜合上述兩位教育學者的理論，對擔任音樂課程的教師而言，的確具有相當的啟示性。研究者認為，教師在教學前若能對兒童認知發展各階段的特徵作一番深入的了解，那麼便有足夠的知識背景，可選擇和設計適合幼兒年齡的音樂活動經驗。擔任音樂教學的教師須體認到，幼兒在音樂學習過程中是主動的學習者，他們自己會以豐富的知識，並將個別特質帶入任何的學習活動中，預設觀點、推理能力、成熟度及幼兒的早期經驗，都會影響幼兒的音樂學習效果。

第4章

創意的音樂律動遊戲課程設計之基本理念

壹、奧福音樂教學法

一、來源

卡爾・奧福（Carl Orff, 1895-1982）生於巴伐利亞慕尼黑，是本世紀最偉大的作曲家和教育家，他早在 1924 年就熱切追求一種當代的藝術，以激起對音樂、語言、舞蹈和戲劇結合的新觀念。奧福音樂教學法是一種激發孩童藉由想像力和幻想力進入音樂仙境的教學法。1953 年奧福音樂教學訓練中心在薩爾茲堡莫札特音樂學院正式成立，使有志於從事奧福音樂教學的教師能由此得到完整且長期的師資訓練。

二、基本理念

奧福（Orff）對於孩子的音樂教學之基本理念在於「感覺」優於「理解」。他認為孩子的音樂學習歷程應該著重在聽覺、肢體、觸覺的刺激，而非要求孩子去理解一些艱深的樂理或抽象符號。我們可以由他所說的一段話來窺其哲理根據「音樂必須與律動、舞蹈及語言結合才能產生意義。」他更強調音樂教學在各國中，應該多採用自己的舞蹈、語言、樂器、民謠等本土化教材。

以下分別說明奧福教學法的教學目標和教學特色：

(一)教學目標

整個奧福教學法的關鍵在於「探索」及「經驗」，其目標有二：(1)幫助孩子累積音樂經驗；(2)幫助孩子發展其潛在的音樂性。

(二)教學特色

1.強調以兒童思想為中心的「人性化」的教學原則

　　奧福理念中，最受人尊崇的精神主要是在於對人性的尊重。他一再強調任何人均有學習音樂的本能，音樂教育並非天才教育，尤其在幼童階段的孩子應該以通才視之。也就是說，人人都有機會學習音樂，享受音樂的真、善、美。至於，教材的選擇與設計必須符合孩子的生活體驗，所有屬於孩子生活領域中的一切事物，都是可以拿來作為素材的。因此，上課的地點可以允許在教室以外的任何地方，諸如：海邊、山上、林野……等。而擔任奧福教學的教師，則必須經常鼓勵兒童運用其所有的知覺和感情，去注意周遭的事物與現象，讓兒童對這些寶貴的經驗有更深一層的領悟。

2.強調利用「樂器合奏」做為探索聲音的主要手段

　　奧福教學中所使用的樂器種類繁多，大體包括：天然樂器、自製樂器、身體樂器，以及由顧尼德‧凱特曼（Gunlid Keetman）女士，這位天生具備音樂和韻律才能的專家，根據奧福的音樂教學理論所設計的奧福樂器。以下分列上述樂器之內容：

　(1)天然樂器

　　　　包括所有自然物所發出的聲音，以及生活周遭所有可能發出聲音的樂器。如：風聲、雨聲、打雷聲、汽車聲、杯子互碰的聲音等。

　(2)自製樂器

　　　　主要由教師提供各種豐富的素材，並指導孩子運用想像力製作一些和市面上的現成樂器有所區別的克難樂器。包括：風鈴、沙鎚、手鐲鈴、洗衣板等。

(3)身體樂器

　　　　凡是身體各部位所有能發出拍擊聲的地方，都是很好的創造聲音來源的樂器。諸如：彈指聲、拍臀聲、拍手聲、彈舌聲、踏腳聲等。

(4)奧福樂器

　　　　主要以木片和鋼片為主，打擊時具有極佳的音響效果，音色美又簡單易學，使演奏輕鬆又容易。包括：

a. 有調敲擊樂器

　　高、中、低音鐵琴、木琴、鐘琴及定音鼓。

b. 無調敲擊樂器

　　大小鼓、曼波鼓、康加鼓、木魚、木鳥、響棒、鈴鼓。

　　另外，木笛和其他的弦樂器也是奧福教學中經常運用到的。基於奧福基本要素之音樂原理，各國可以根據本國的特色，發展屬於自己本土化的樂器來使用。

3. 利用押韻童詩，配合「語言說白」及「五聲音階」之伴奏，發展幼兒的節奏性和音樂性

　　在上述樂器中非常特別的「片樂器」，如：木琴、鐵琴是相當能夠發展孩子即興和伴奏能力的樂器。奧福經常運用五聲音階的伴奏，配上旋律簡單的本土押韻詩或兒歌，來訓練孩子基本的節奏感，藉此培養孩子對旋律欣賞的樂趣。至於節奏訓練，奧福特別強調要培養孩子的節奏感大可不必有太多形式化的課程設計，在孩子日常生活中到處充滿著不同的節奏，只要把握即興的原則，節奏訓練隨時都可以實施。但是，在奧福教學中，也有採用較固定的課程設計，那便是奧福中特有的頑固伴奏（Ostinato）型式，它較注重由簡單到複雜的節奏訓練，若能加以熟練則可經常做為唱歌、遊戲、合奏、

律動的伴奏。

4.透過創造性「律動」來經驗、探索空間，並做為將來即興創作之準備

　　所謂創造性律動即是指身體領悟、肢體協調、放鬆、彎曲而言。在教學的過程中，教師經常激發孩子去思考一些問題，譬如：用身體創造不同的形狀，運用空間的探索，做出可高、可低、可伸展、可收縮……等身體造型。另外，教師更可利用各種道具來拓展創造的空間，如：絲巾、繩子、竹棍……等。創意律動是一門活的課程，教師如何利用幼兒好動的傾向，使之動得有價值、有目的，則端賴課程之趣味性、活動性及啟迪性。同時，課程之進行應把握循序漸進的原則，首先讓孩子做出敏銳的反應及律動的表現，再經由模仿進入創造的境界。

5.利用「即興創作」的活動做為探索音樂形式的主要手段

　　由於即興可以提供許多創作的機會，從一個短短的動機、模式、問答句、樂句到整首音樂，在整個即興創作的過程中，幼兒不斷接受挑戰，獲得成就與滿足（鄭方靖，1993）。奧福教學是一種經由誘導、嘗試即興，以達到創造目的的教學。他經常利用團體教學，讓孩子有獨立表現與合作訓練的機會；孩子也經常自遊戲、音樂的學習和表演中獲得興趣和內在的回饋。

6.利用「戲劇」表演活動引發孩子創造思考及創造行為

　　戲劇性的律動、舞蹈和演出的經驗有助於孩子創造力的提升，假若能搭配歌曲中的說白或唱歌活動來實施，則更具聲音探索的價值。而創造性戲劇活動對創造思考教學最大的助益在於，其目標多元化、教材趣味化、課程統整化，在一齣內容豐富、生動有趣的兒

童劇中，不但能刺激幼兒思路活絡，更能發展孩子多方面的能力。

　　由以上奧福教學的特色中，研究者歸納出奧福音樂對本世紀最大的貢獻在於，它是一種最為人性化的音樂教學，只因為它能尊重每一個個體均擁有學習音樂的機會；同時，在學習活動中能盡量表現個體的優點，讓願意學習的孩子都能獲得信心和他人的肯定。幼稚園的音樂教學目標即是發展孩子的音樂才能，而這種能力的培養必須透過演奏、活動、音樂創作、聽力訓練來完成（Mark, 1979）。奧福教學法主要就在發展這種綜合性的音樂基礎能力，同時，在提升個人音樂能力之外，更重要的是藉此豐富孩子們的音樂生活。

貳、達克羅采音樂教學法

一、來源

　　達克羅采（Jaques-Dalcroze, 1865-1950）生於維也納，從小在充滿音樂的環境下長大，同時接受良好的音樂啟蒙教育。當他完成了學業正式面對教學後，發現許多學生雖然擁有高度的演奏技巧，卻嚴重地缺乏音樂性和對音樂的感動，於是他在 1915 年於紐約成立了一所達克羅采節奏學校，創造了一種將肢體動作結合聽音、歌唱、和視譜寫作的訓練方式。1920 至 1930 年開始，在美國有許多研究者發表了一系列討論達克羅采教學法的文章，至此，正式受到國際間的肯定。目前採用達克羅采教學法的音樂學府或教學中心遍布世界各地，尤其在瑞士及紐約的達克羅采音樂院均設有訓練課程，以期培養更多擔任達氏教學法教學的師資。

二、基本理念

　　達克羅采認為音樂的學習在於強調音樂內在的感受性，而不是純粹在於演奏、演唱技巧的學習，它應著重在培養學習者利用各種方法去體會音樂知性及感性融合之美。我們可以由他的一段話窺其哲理：根據「人類的身體是第一個用來表達音樂的樂器」。達克羅采認為音樂的旋律源自於我們肢體的自然律動，音樂教學理應運用這種最自然的韻律，有系統的設計各種教學活動。以下分別說明達克羅采的教學目標和教學特色：

(一)教學目標

　　達克羅采終其一生的實驗後發現，學習音樂的前提在於一個人是否能發揮情感，只有與情感結合的音樂才能真正深入音樂的美善。其教學目標有三：(1)訓練能控制內在精神與情感的能力；(2)訓練肢體反應及表達能力；(3)訓練個人快速、正確、適當及感性地感應音樂的能力（鄭方靖，1993）。

(二)教學特色

1. 利用愉快的「律動」來教導節奏

　　達克羅采所創造的「律動舞蹈體操」即是一種典型的身體協調性與豐富表現力結合的一種身體律動，它的訓練目標在於透過身體的活動，培養孩子感知與表達對音樂要素（旋律、節奏、力度、和聲、曲式和音型）的了解。達克羅采建議利用各種「非移位動作」如：拍手、搖擺、轉動、彎曲，以及「移位動作」如：走、跑、跳躍、滑行等練習，來引導孩子將音樂及律動結合。譬如：聽到四分

音符的拍子即做出走路的姿勢、聽到八分音符則做出跑步的動作，這些活動的目的即在於運用動作來感應音樂中相關的元素。另外，教師也可藉助鋼琴或其他樂器的伴奏，要孩子們做出漸強（crescendo）、強（accent）或終止（end of a phrase）的動作。這些音樂活動都可以和唱歌、手指遊戲、節奏樂器演奏或音樂劇等結合來呈現（Choksy, Abramson, Gillespie, & Wood, 1986）。達氏使用了特殊的手法，運用耳朵和身體來感受體驗各種不同的節奏，並藉此使得孩子的音樂內在本質得以成長。兒童若能在早期即由節奏教育中享受過節奏的自由，將來要進一步地了解和掌握現代音樂作品中不規則的拍形組合就不會感覺困難，也才有能力欣賞現代音樂中節奏的運用和美感（謝鴻鳴，1994）。

2.利用視唱練習發展「音感」及內在聆聽的能力

在達克羅采的教學系統中，經常利用唱歌來建立孩子的視聽能力，他提到唱歌的指導原則應該包括：(1)透過韻律活動培養孩子對聲音高低與調式的認知能力；(2)運用獨創的音感訓練法練習相對音感和絕對音感；(3)利用「歌唱接龍」訓練聲音的即興。此外，達氏使用結合絕對音感及相對音感的優點所創的「達克羅采音階」來訓練孩子產生強烈且正確的調性感，作為較深入技巧的準備。

3.運用音樂節奏與旋律素材做為「即興創作」的工具

達克羅采經常鼓勵孩子運用動作反應、說白、戲劇、器樂來表達對音樂的感受與理解。他最常用的方式是在鋼琴上先彈一段簡短的樂句，要學生在樂器上立刻模仿；或者給孩子幾小節的節奏模式，要他們在這些節奏模式上加上曲調（Landis & Carder, 1972）。唯有藉著即興創作才能充分將人內在的情感表達出來（鄭方靖，1993）。達克羅采的即興活動強調讓幼兒採用各種形式，即興做出他們耳中

所接收到的任何訊息，利用動作、說唱、拍擊、打擊樂器、鋼琴等媒介來體認他們先前自音感及節奏動作課程所學到的音樂概念，並創作出他們自己的作品（謝鴻鳴，1994）。

綜合上述，筆者認為依據皮亞傑、布魯納的認知學習理論，孩子的學習思考是與具體、可看見、可觸摸的事物有關，學習音樂的過程也是同樣的。因此，運用達克羅采教學的教師常常鼓勵孩子主動去感受各種不同的音樂，利用「音樂欣賞」的課程來拓展孩子耳朵的敏感度；藉著視聽與節奏訓練啟發孩子對音樂的認知能力；透過即興創作的過程誘導孩子的邏輯、推理與思考的能力。

參、評量依據——美國MENC音樂課程標準

Music Educators National Conference（簡稱 MENC），是目前美國一個相當專業的音樂學術團體，本課程標準為 MENC 在 1994 年根據學前教育課程標準所訂定的全國音樂課程標準，為符應二十一世紀的來臨，在內容設計上除涵蓋課程指引、有效音樂教學原則外，更提供具科學化、系統化、客觀化的評量方式，以及學前階段孩子所應具備的音樂經驗及成就標準，主要目的在提供教育人員設計音樂課程時之參考藍圖。以下簡單介紹其課程內容：

一、前言

孩子在進入幼稚園前，是音樂能力發展的重要時期，孩子們需要豐富的音樂環境幫助他們成長。在日間照護中心、保育學校和為能力不足的孩子所設置的早期介入課程日漸增加的今日，建議有關

單位為孩子們準備以下標準的音樂學習環境。首先，身為一位音樂教育工作者，對於孩子學習音樂應該抱持的觀念如下所述：

1. 所有的孩子都具有音樂的潛能。
2. 孩子們在音樂的學習環境中擁有屬於他們自己興趣和獨特的能力。
3. 透過音樂概念的獲得，幫助孩子發展批判思考的能力。
4. 孩子早期的音樂經驗來自於各種不同的音樂背景。
5. 孩子應該多去經驗一些好的樂聲、活動和材料。
6. 孩子們不應該被要求去做一些為了達到表演目的，而防礙了其他音樂能力發展的活動。
7. 孩子的工作即是遊戲。
8. 孩子們應該在愉快的心情和良好的社會環境下從事學習。
9. 為了達到因材施教的目的，應準備適合孩子不同能力需要的學習環境。

二、課程指引

對孩子而言，遊戲是他們成長過程中最主要的工具，同時在孩子自發、自導以及成人支持的遊戲環境中獲得適當的音樂能力發展。在幼稚園裡，教師的角色在於創造豐富的音樂環境，並藉著發問和暗示的技巧引導音樂性的活動，以發展孩子的思考和探索事物的能力。

孩子們同時需要團體的音樂活動時間，以發展合作和分享的社會性能力。理想的做法是在保育中心或幼稚園內，聘請幼教的藝術專業人員或藉著專業輔導員的訪視，協助並提供保育人員有關音樂和創造性活動的模式。

三、有效的音樂教學原則

1. 支持孩子整體性的發展：包括生理、情緒、社會和認知能力發展。
2. 認識學前兒童各階段的發展特徵，並針對個別差異施以不同指導。
3. 透過與成人、同儕及音樂材料三者的互動，來加強孩子的學習能力。
4. 提供孩子的學習材料和活動，必須是和孩子生活中真實與具體事物相關者。
5. 提供孩子選擇經驗各種不同音樂活動和教材的機會，同時，不同困難度的設備，在使用的安排上也須依據個別差異來分配。
6. 給予孩子時間，透過活動的參與發展探索音樂的能力。

四、音樂能力評量

　　在一項有關音樂肢體教育的研究中表示，孩子們無法透過口語來表達他們對音樂的認識和了解，同時也無法在紙筆測驗的活動中，確實地反映出他們的能力。此外，孩子之間具有非常大的個別差異性，也是影響評量結果的主要因素。

　　正因為這些特性，最適合來評量孩子的音樂知識、技能和態度的方法，包括：(1)檢核表或由教師、父母藉助錄影帶所做的軼事紀錄，以及孩子所表現的口語及非口語行為來評量；(2)系統化的觀察資料，諸如：工作過程中所表現的行為、事件和孩子的參與意向；(3)利用評定量表收集有關孩子們所回答或反應的一些量化的資料，如創造行為中的精進力、獨創力、挑戰性等的反應程度。至於，最後的成果並非判斷學習行為是否發生的唯一準則。建議使用錄影帶和錄音帶來收集孩子所表現的音樂行為之樣本資料，藉以評量和檢視活動全程中孩子的成長和發展。同時教師們可利用資料夾來收集

每個孩子音樂發展上的代表性樣本資料，而這項收集工作最好從孩子進入育嬰中心開始，至進入幼兒園為止。

五、嬰兒和學步期孩子的音樂經驗

　　嬰兒和幼兒藉著聆聽、感覺和唱一些適合他們音高的曲子來獲得音樂上的經驗，成人們可藉由下面一些方法來促進孩子的音樂能力發展。以下為課程標準所建議之音樂經驗內容：

1. 對他們哼唱兒歌和童詩。
2. 模仿嬰兒所發出的聲音。
3. 提供多樣化的聲音，如：身體樂器和環境中各種聲音來源。
4. 利用他們所聽到的音樂中之拍子、節奏模式和旋律來拍打、觸摸、搖動他們的身體。
5. 提供一些能製造音樂且能自我操控的玩具。

六、二至四歲孩子的音樂經驗

　　二至四歲的孩子需要的環境，包括：各種不同來源的聲音、多樣化的音樂、自由即興唱歌的機會以及發展探索的技巧。在四歲後期可提供較豐富的認知性音樂概念，尤其個別性的音樂經驗對這個年齡層的孩子來說是非常重要的。同時，單元活動中可加入一些獨立性和合作性的音樂遊戲教材，以加強合作性的表現。

七、各領域的內容和成就標準

(一)唱歌和樂器演奏

成就標準：

1. 會使用聲音說話、吟詩和唱歌。

2. 會獨唱或齊唱各種不同曲調的小曲子、民謠或遊戲歌，而音高和節奏性則愈趨正確。

3. 經驗各種不同樂器和聲音來源。

4. 彈奏簡單的旋律並用樂器搭配伴奏。

(二)音樂的創作

成就標準：

1. 伴隨著遊戲做歌曲的即興創作。

2. 配合歌曲、錄音帶、故事和童詩，在樂器上即興做出一些伴奏。

3. 使用聲音、樂器或其他來源聲音。

4. 發明並使用具獨創性的平面圖形或符號表徵系統來表達人聲、樂器的聲音和音樂概念。

(三)對音樂的感應

成就標準：

1. 區別各種不同的聲音來源。

2. 透過律動來感應音樂中各種不同的速度、拍子、力度、音階、音型，而且會用口語表達出他們在音樂作品所聽到或感覺到的音樂風格。

3. 自由地參與音樂性的活動。

(四)對音樂的了解

成就標準：

1. 會使用他們自己的字彙和標準的音樂名詞來描述聲音、樂器、樂譜、各種音型，以及不同文化和時代背景的音樂風格。

2. 具有聽辨各項音樂要素的能力，並透過唱歌和樂器來表現。

3.會把音樂當做是每天生活的一部分。

（轉引自 MENC，1994）

肆、創意的音樂律動遊戲課程評估與創造行為評量

一、創意的音樂律動遊戲課程評估

　　為協助教學者深入觀察與分析整個音樂律動遊戲課程的實施成效，俾便於每一單元課程結束後做自我的評估與改進，筆者在此提供一份針對課程設計方面的評估表（參見表二）供教學者參考。此評估表的內容主要採用由 Dodge（1993）所設計的「Creative Curriculum Observation Form」，並由筆者加以修訂後完成，希望教學者作為每一單元教學後評估及修改教材之重要參考依據，使得單元活動內容更適合孩子的興趣和需要。

　　本評量表的內容包括：基本資料、課程計畫、教師的引導行為、環境的布置、支持社會性發展、開拓思考領域等。量表中數字所代表的意義為：3—經常如此、2—偶爾如此、1—很少如此。每一次評估均含教學者自我評估及觀察者現場評估兩部分。

二、幼兒創造行為表現評量表

　　王木榮（1984）曾根據威廉斯（Williams）的認知情意模式發展了一套威廉斯創造力評量組合測驗（Creativity Assessment Packet —CAP）。威廉斯模式乃根據智能結構模式而來，強調認知行為的流暢、變通、獨創與精進等特性外，尚在期望的行為結果加上情意的

表二　創造性課程自我評估與觀察表

教學主題：　　　　　　　　　　觀察者：

自我評估日期：　　　　　　　　觀察日期：

教學者 自我評估	評估內容	觀察者 現場評估
3　2　1	適時地添加新的材料、設備或道具以豐富、擴展孩子創造性遊戲的內容。	3　2　1
3　2　1	活動的過程注重教師啟發性的引導及孩子自發性的表現。	3　2　1
3　2　1	允許孩子嘗試使用各種樂器、道具及材料，並鼓勵創造性行為之發揮。	3　2　1
3　2　1	經常提出開放性問題以及提供建議，藉此增進孩子的創造思考及問題解決能力。	3　2　1
3　2　1	教學計畫具有挑戰性，且適合孩子的需要。	3　2　1
3　2　1	提供具體的機會，讓孩子能經常使用他們的感覺去探究、了解屬於他們的世界。	3　2　1
3　2　1	遊戲時，經常主動地參與並且支持孩子創造性的行為表現。	3　2　1
3　2　1	活動中對孩子提出非大人所預期的答案時，能給予尊重和鼓勵。	3　2　1
3　2　1	和孩子談話時，經常表現出尊重、耐心，且能適時地幫助孩子建立自信，以提升創造之表現。	3　2　1
3　2　1	遊戲時，能給予孩子充分的彈性空間，自由地表達出他們的想法。	3　2　1
3　2　1	活動中經常帶領孩子與同伴發展合作的關係。	3　2　1
3　2　1	經常提供刺激，鼓勵孩子發揮自由聯想的能力。	3　2　1

行為，尤其強調這是一套適用於音樂、藝術、語言等科目的教學策略，因此，非常適合用在了解孩子在活動過程中創造行為表現之評量。楊世華（1993）亦曾利用這套教學模式設計了「音樂行為與創造行為師生互動矩陣」，並在認知與情意行為之外，增加技能的部分（所謂創造的技能即為問題解決的能力），其目的在於評量兒童的音樂行為與創造行為之表現。本書中所使用的創造行為評量表（參見表三）中，創造行為的類目係參考王木榮及楊世華等人的研究，並由筆者在各評量內容中加入具體音樂創造行為之描述。本評量表主要功能是用來作為教學時，計算幼兒創造行為發生次數多寡的工具，評分以一個單元主題為單位來計分，共分成認知、技能、情意三大領域，總共可得流暢思考、變通思考、獨創思考、精進思考、問題解決能力、好奇心、冒險性、挑戰性、想像力等，再加上創造行為總分計十項分數，評分時以孩子所表現的口語或動作反應分門別類地加以計分。其評分標準如下：

1.流暢思考

指孩子在單位時間內，針對教師所提的問題舉出有關的觀念或動作的數量，但必須排除重複以及無關的項目，每舉出一個項目則給一分。

2.變通思考

指孩子所列舉有關觀念的類別的數量，或者是解決同一問題所列出的不同方法的數目。計分時將孩子的答案或動作分類後，再計算一共分為幾類，即得幾分。

3.獨創思考

根據十位孩子的反應統計後再加以確認，亦即所舉出的答案或

動作有 50%以上的孩子提出則不給分；如果僅有 20%的孩子提出則給一分。

4.精進思考

指幼兒對動作反應的精細表現程度以及口語的詳細闡明程度。每增加一個概念則得一分。

5.問題解決能力

針對評量表中技能部分所列之五項內容，凡達到一項即給一分。內容（編號 2-1）中所指的音樂要素，意指節奏、旋律、曲式等。

6.好奇心

指孩子對新奇事物抱持著探索、追問的態度。評分時以團體中 50%以上孩子出現反應則給一分，少於 50%則不給分。

7.冒險性

指孩子勇於表現、嘗試，並能大膽地做出動作或音樂作品。團體中 50%以上孩子出現反應給一分，少於 50%則不給分。

8.挑戰性

指孩子對複雜的事感到興趣，且不斷地尋求、探索所有的可能性。團體中 50%以上孩子出現反應給一分，少於 50%則不給分。

9.想像力

指孩子自由地思索各種觀念，及幻想尚未發生過的事情，或喜愛想像性的音樂活動均屬之。團體中 50%以上孩子出現反應給一分，少於 50%則不給分。

表三　兒童創造行為表現評量表

單元／主題：　　　　　　　組別：　　　　　　評量日期：

創造思考指標			編號	表　現　內　容	計次
創造行為	認知	流暢思考	1-1	能以許多不同的動作或答案回應教師所提出的問題	
			1-2	能以許多不同的方法來製造聲音	
		變通思考	1-3	在音樂活動中經常表達超出成人所預期的答案	
			1-4	能利用肢體或道具變化出不同種類的造型和功能	
		獨創思考	1-5	能創作出與眾不同的音樂作品	
			1-6	能針對教師所提出的問題舉出與眾不同的意見	
		精進思考	1-7	能充分運用肢體動作細膩地表達對事物的概念	
			1-8	能透過既有的經驗創作出更豐富的音樂作品	
	技能	問題解決能力	2-1	能運用肢體動作來表達對音樂各項要素的感覺	
			2-2	能辨識二種以上的聲音	
			2-3	能比較出聲音的對比（如：強與弱、大與小）	
			2-4	能比較出肢體動作的對比（如：高與低、輕與重）	
			2-5	能繪出正確的音型和旋律線條	
	情意	好奇心	3-1	喜歡反覆不斷地操弄不同的樂器以製造不同的聲音	
			3-2	對由教師引導或自發性的音樂活動經常表現好奇與熱衷態度	
			3-3	能充分運用空間進行各項探索的活動	
		冒險性	3-4	能勇於面對眾人做出適當的音樂或動作表現	
			3-5	能大膽完成音樂創作的活動以及作品	
		挑戰性	3-6	對複雜的音樂創作活動感到興趣	
			3-7	在自由舞動中能積極地尋找身體各部位活動的可能性	
		想像力	3-8	能運用聯想力，並以團體合作展現其音樂創作	
			3-9	喜愛參與富想像的音樂活動	

第 **5** 章

活動設計範例

活動主題 1

克難家族

● 學習目標 ●

一、訓練音色聽辨力。

二、運用各種不同的克難樂器組織克難樂隊，進行簡單合奏。

三、發揮想像力，透過材料模仿大自然的聲音。

● 教學策略的運用 ●

一、歸因法──教師給予孩子多樣的、不同的材料，並指導孩子用腦力激盪的方式想出和材料有關的各種聲音，並將相同音色的材料擺在一起。

二、腦力激盪術──利用集體思考方式，鼓勵孩子思考如何利用一張簡單的白紙去製造出各種不同音色的聲音。

● 活動內容 ●

◎ 不同音色之組曲練習

1. 請孩子在環境中任選一件能發出聲音的東西當作克難樂器，並用任何方法做出其特有的音色。（活動前盡量蒐集能發出獨特聲音的東西）

2. 請孩子在所有克難樂器中，按所發出之音色加以分類組織成數組。（將音色相近之樂器擺在一起，或依音高的大小次序排列）

如：塑膠杯子——表沉音

　　　　鐵製湯匙——表亮音

　　　　梳子——模擬刷刷筒所發出之音

3.由教師指揮克難樂隊做簡單的合奏練習。（可加入大小聲及快
　慢之變化）

◎ **大自然聲音的想像**

1.教師發給孩子每人一張白紙。

2.引導孩子想像大自然景象中特有的聲音。

　　如：雨滴聲、小鳥展翅飛翔之聲、暴風雨的聲音……等。

3.教師引導孩子運用各種方法，利用手中的白紙製造大自然的種
　種聲音。

附註(一)：教師在活動前，可先示範一些白紙的使用方法給孩子看，如：

- 抓著兩側用力向外拉開，但不能拉破。
- 以單手抓著它搖動，動作由慢到快。
- 將白紙揉成團。
- 以指甲彈動白紙的中心。
- 激發孩子再想出其他利用白紙製造聲音的方法。

附註(二)：大自然現象的聯想

- 溫泉水泡不斷噴出的聲音。
- 地震的聲音。
- 小水滴、大水滴、大雷電之後或洪水傾洩而下的聲音。
- 燃燒的火燄，熱情而急促的聲音。

● 教學資源 ●

克難樂器
杯子、湯匙、梳子等
白紙

• 教學錦囊 •

　　幼兒從嬰兒時期開始，就知道以身體為樂器來製造聲響，隨著年齡的增長，他們所使用的身體部位更多了。他們會輕拍腹部讓它發出各種不同的聲音；重踏腳部做出大象行走的感覺，若把這些動作做一個組合，便是一首具高低、大小對比的樂曲。

　　成人若能好好搜尋日常生活中的器物，會發現處處是節奏；不論家中廚房的鍋子、鐵盤、勺子、垃圾桶，都可以是製造節奏的來源。因此，善用這些日常生活中的器皿，是學習音樂節奏很好的起點。

• 課程分析 •

◎ 單元：克難家族

壹、音樂要素的分析

1. 音色聽辨力訓練——讓孩子在不同樂器中找出音色相同的樂器，並將之歸類的活動，即是發展孩子對樂器音色類型能加以辨別的能力。

2. 合奏訓練——透過各種克難樂器的組合，讓孩子有機會練習敲打的方法。並且在活動中學習與其他孩子共同演奏，除了培養技巧外，更能獲得群性的發展。

3. 聲音的即興——利用報紙的特性來製造音響的活動，除了能培養孩子的創造力之外，更能增進孩子對各種不同音色的聽辨能力。

貳、教學媒介的運用

聽音

即興

遊戲及合奏

活動主題 2

快樂的肢體活動

● 學習目標 ●

一、欣賞身體樂器所產生的音色。

二、運用手腳打拍子，並配合各種節奏模式教導即興。

三、培養詮釋音樂的能力。

● 教學策略的應用 ●

一、激發法——教師提出：「黑板上這個圖形讓你聯想到什麼聲音，你可以說出多少就說多少。」

二、擴散性思考——讓孩子看圖形，並請他們聯想在日常生活中哪些事物和這些圖形有關。

● 活動內容 ●

◎ 對話式的節奏練習

1. 將孩子分三組，每一組擔任一個身體部位的節奏。

2. 教師先利用拍手、彈舌、踏腳來打簡單的節奏由孩子模仿之。

3. 鼓勵孩子運用其他身體部位打同樣的節奏。

4. 肢體節奏並加入大小聲的變化。

◎ 畫音型練習

1. 教師在黑板畫上圖形引導幼兒聯想與圖形有關的聲音，並讓他們選擇能代表該項聲音的樂器敲之。如：

☆　　∧∧　　∞
表　　表　　表
拍　　彈　　踏
手　　舌　　腳

2. 教師指揮黑板上所呈現的圖形，並請孩子聯想其他事物的聲音
　　且以肢體動作表現之。

　　如：

☆　　◊　　∞
爆　　下　　大
米　　雨　　象
花　　　　　走
　　　　　　路

·課程分析·

◎ 單元：快樂的肢體活動

壹、音樂要素的分析

1. 音色聽辨力的訓練——在活動中體會由身體樂器所製造的各種不同的音色類別。另外，會配合圖形選擇適當的樂器，也是一種音色聽辨力的訓練。

2. 節奏感應能力的培養——在活動中體會到各種不同的節奏變化。

3. 節奏的即興創作——當孩子立即模仿可以做得很好時，教師可再進行延伸的創作活動。亦即讓孩子創作簡短的節奏，並由教師指導其他孩子跟隨。

4. 音樂記憶能力的培養——當孩子模仿教師做同樣節奏時，也同時增進了記憶節奏的能力。

貳、舞蹈要素的分析

- 空間——當孩子看過黑板上所呈現的音型後，能不加思考地隨即做出一些動作反應。

參、教學媒介的運用

記憶

問句、答句

即興

拍手、拍膝、踏腳

律動

活動主題 3

貪玩的螞蚱

● 學習目標 ●

一、練習運用手勢及肢體動作來感覺音樂節奏中的長短。

二、練習以動作即興模仿蚱蜢（螞蚱）之動作特徵。

三、察知圖形的轉換，並用正確的肢體動作表達。

四、學習正確的呼吸方法。

● 教學策略的應用 ●

一、知覺化技術──教師搖長音時，幼兒做出螢火蟲飛的動作；拍鼓聲或打響棒時，則做蚱蜢跳的動作。

二、自由聯想技術──由孩子分飾兩種角色（丫頭及蚱蜢），並隨兒歌旋律自由舞動。

三、自由聯想技術──將圖形轉換成肢體動作，以區別長短音。

● 活動內容 ●

◎ 說白節奏

（貴州兒歌）

丫頭丫，捉螞蚱，螞蚱跳，丫頭笑。

丫頭丫，捉螞蚱，螞蚱飛，丫頭追。

【中國兒歌說學逗唱──螞蚱（幼福，2003）】

◎ 螢火蟲 VS. 螞蚱

　1. 以故事中的兩種角色為代表——螢火蟲表長音、蚱蜢表短音。

　2. 教師以手搖鈴搖長音代表「螢火蟲」、拍一下手鼓代表「蚱蜢」，孩子則以手腕反應出螢火蟲飛的動作以及用身體反應蚱蜢跳躍的動作。教師可視情況加入大小聲的變化，而孩子須改變動作的大小。

◎ 捉螞蚱

　　孩子們一組扮蚱蜢、一組扮丫頭模仿螢火蟲的動作，隨著兒歌即興舞動身體。教師可讓孩子自行裝扮成螞蚱與丫頭。

螢火蟲自由舞動牠的身體

◎ 長短音練習

　　教師在黑板上畫上圖形譜，指揮孩子注意聽手搖鈴的長音代表「飛」，以響棒敲短音代表「跳」。

ᴧᴧᴧᴧ　表螢火蟲飛　　　　　↑↑　表螞蚱跳

ᴧᴧᴧᴧ	↑↑
ᴧᴧᴧᴧ	↑↑
↑↑	ᴧᴧᴧᴧ

　　本活動可用以評量孩子是否確實能區別長短音，並能運用記憶力，察知圖形的改變或轉換，運用肢體動作來表達。

◎ 螞蚱賽跑

1. 教師利用竹葉所編成的螞蚱，讓幼兒進行分組競賽。
2. 教師即興一首樂曲，或放「螞蚱」之主題曲，並指導幼兒配合正確的吸吐氣之動作，將小螞蚱在樂曲時間內，由起點吹至終點。

我們是一群可愛的螢火蟲

· **教學資源** ·

手搖鈴、手鼓、響棒
裝扮用道具　竹葉蚱蜢
兒歌「螞蚱」

◦ 課程分析 ◦

◎ 單元：貪玩的螞蚱

壹、音樂作品選擇

兒歌——螞蚱【中國兒歌說學逗唱——螞蚱（幼福，2003）】

貳、音樂要素的分析

1. 節奏感訓練——運用手勢來感覺音樂節奏的長短。

2. 呼氣與吸氣的練習——在「螞蚱賽跑」的遊戲過程中，很自然地實施了呼吸的練習，脫離了傳統練習吸吐氣的練習方法，且較能引起孩子參與學習的興趣。

3. 音樂記憶能力的訓練——當音樂圖形轉變的同時，能馬上用肢體做出正確的動作，來回應教師的改變。

參、舞蹈要素的分析

• 關係——教師先準備螞蚱數隻，讓孩子能由實際觀察中，了解螞蚱的動作特性。接下來再指導孩子討論該動物的活動特徵，包括：走路時、跳躍時……的特性，最後讓孩子盡量模仿，並掌握此動物的特色，藉由模仿亦增進了觀察力。

肆、教學媒介的運用

即興　　　　　　　　探索

律動　　　　　　　　唱歌

活動主題 4

好忙的蜘蛛

• 學習目標 •

一、練習說白與簡單的身體節奏。

二、體會旋律之上行、下行及同音反覆的特質。

三、體會樂句的結束。

• 教學策略的應用 •

一、開放性問答技巧——有效的發問技巧可以引發孩子去從事思考的心智活動，在提問時宜考慮與主題有關之開放式且無標準答案的問題，讓孩子有機會運用擴散的思考方式來回答教師所提的問題。

二、六 W 檢討法——即開放式問答的一種技巧。在本單元中，教師運用艾瑞·卡爾的《好忙的蜘蛛》（鄧美玲譯，1992）這本故事書講述時，所提出的各種問題，即運用到六 W（when、where、what、how、who、why）等不同角度來進行。

三、自由聯想技術——讓孩子利用身體去組合成蜘蛛網的圖形，或鼓勵他們用身體想像蜘蛛吊在蜘蛛網時的模樣均屬之。

• 活動內容 •

◎ 問題討論（六 W 檢討法之運用）

1. 大自然的景象在風雨停後會如何改變？（how）

2.小蜘蛛為什麼要結網？（why）

3.小蜘蛛通常在哪裡結網？（where）

4.小蜘蛛通常在什麼時候結網？（when）

5.小蜘蛛所織的網像什麼樣子？（what）

6.誰是小蜘蛛的親戚？（節肢動物）？（who）

◎ 說故事——好忙的蜘蛛（上誼出版）

故事內容主要在闡述一隻勤奮的小蜘蛛，一大清早起床後便開始織牠的蜘蛛網。由於太過於專注的工作，從牠身邊經過的動物們對牠的問候，牠都未做回應。最後，漂亮的蜘蛛網終於結成了，小蜘蛛也累得倒頭大睡。

◎ 說白節奏——小蜘蛛

以「拍手」、「拍膝」方式配合兒歌歌詞做肢體節奏，歌詞內容如下（旋律則以蝴蝶的兒歌做改編）：

（美國民謠／孫德珍詞）

有一隻蜘蛛，結網真辛苦。雨打又風吹，破了又再補。

等太陽出來，風雨不再搖擺。勤勉的蜘蛛重頭又再來。

【音樂的生活——美的分享（孫德珍，1988）「小蜘蛛」單元】

◎ 節奏小遊戲——蜘蛛超人

（說白加肢體律動遊戲）說白內容如下：

（劉嘉淑詞）

左（向左跨一步）、右（向右跨一步）

變個大蜘蛛（身體轉一圈）〔配合蜘蛛身體造型創作〕

哈！哈！（幼兒即興做鬼臉）〔配合蜘蛛聲音創作〕

變來變去（再轉個圈），多麼神氣（幼兒即興超人之動作）

◎ 樂句的體會

由教師帶領幼兒手拉著手，一邊唱主題歌，一邊以身體模擬蜘蛛織網的樣子，並在每個樂句結束時，做出「蹲下」的動作。（音樂：《音樂的生活──美的分享》「小蜘蛛」單元）

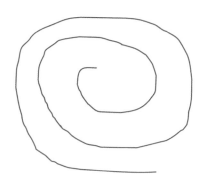

◎ 吊蜘蛛

利用教室中的吊桿讓幼兒將兩手及兩腳攀於桿上，創作蜘蛛攀於網上的情狀，由教師唸歌謠，待樂曲結束後，方可將身體放下。

可愛的蜘蛛

·教學資源·

故事繪本《好忙的蜘蛛》
音樂「小蜘蛛」

·課程分析·

◎ 單元：好忙的蜘蛛

壹、音樂作品選擇

· 音樂──小蜘蛛【音樂的生活──美的分享（孫德珍，1988）】

貳、音樂要素的分析

1. 音準訓練──在唱好忙的蜘蛛主題曲時，要求孩子咬字清楚、發音正確。

2. 分部能力訓練──邊唱主題歌，邊打節奏。

3. 旋律元素──以身體模擬蜘蛛結網的活動，即是指導孩子體會樂句的過程。而主題歌的練唱，在於認識上行及下行旋律的特質。

參、舞蹈要素的分析

1. 空間造型——讓孩子在吊桿上模擬蜘蛛造型的過程，即在發展孩子對於空間感的概念。

2. 時間長短——在用身體編織蜘蛛網的活動，即為發展孩子掌握動作時間長短的過程。

3. 時間節奏——配合兒歌做出肢體節奏的活動中，教師可變化各種不同的節奏模式，讓孩子不斷地經驗長與短、快與慢的節奏。（黃麗卿、施玉琴，1990）

肆、教學媒介的運用

即興

說白節奏　　　　　　　　　拍手拍膝

律動　　　　　　　　　唱歌

活動主題 5

有趣的呼拉圈

• 學習目標 •

一、運用肢體動作來感應音樂的節奏。

二、固定速度的聽覺訓練。

三、空間方位的感覺訓練。

四、藉由表情動作的模仿，培養專注能力。

五、圓圈圈的造型創作。

• 教學策略的應用 •

一、自由聯想技術——指導孩子為動作配上音效，或用呼拉圈做出集體造型均屬之。

二、屬性列舉法——讓幼兒說出呼拉圈可以用來把玩的方式，如轉、套、丟……等方式。

• 活動內容 •

◎ 呼拉圈探索

　　教師運用腦力激盪術，引導幼兒思考呼拉圈可以怎麼把玩，並讓幼兒用語彙說出可以把玩的方式。之後再引導他們運用不同的人數組合，用呼拉圈玩各種遊戲。

◎ 感應遊戲

　　1.全體圍一個圓圈，教師在中心放置一個呼拉圈，並由幼兒輪流

至圈內用肢體動作來介紹自己姓名所具有的特性，如：「上聲字」做出高於水平的動作；「去聲字」則做出低於水平的動作。

2.指定一位幼兒任意設計二個連續動作並針對動作特性配上適合的音效，其他幼兒則模仿之。

3.幼兒每人手上拿一個呼拉圈，以不斷移位的方式在教師用直笛即興吹出一段樂曲的時間當中，聽到高音時將呼拉圈抬高；聽到低音時則將呼拉圈放低。

利用呼拉圈可以做很多變化呢！

教師即興音樂，孩子聽音做動作

◎ 呼拉圈的創作遊戲

1. 鏡子遊戲

(1)先讓幼兒照鏡子，並且對著鏡子隨意擺動作，體驗鏡子具有的
    特性，爾後決定哪一人要當照鏡子的人，另一人即當鏡中人。

(2)二人一組面對面，互抓圈圈，由其中一人引導圈圈往任意方向
    移動，另一人則跟著移位，此時二人的眼神必須跟著圈圈移動。
    （專注力集中訓練）

(3)二人一組面對面，中間置一個呼拉圈想像是一面鏡子，此時由
    其中一人創作一些臉部的表情變化，並請另一位幼兒模仿之，
    接著角色互換再做一次。

2. 影子遊戲

二人一組背對面，每人手各執一個呼拉圈，由前面的人引導各
種移位動作，後面的人則觀察前者的動作與移位方向做出相同的動
作。（觀察敏銳度訓練）

看看誰的表情最滑稽？

二人的眼神不能離開喔！

3. 教師以木笛即興一段旋律，樂曲進行時幼兒手持呼拉圈自由地舞動，當樂曲結束時，找另一位幼兒共同利用呼拉圈做出一個造型（當第二段樂曲結束後找三人做造型，依次類推）。最後，由教師引導幼兒利用所有的呼拉圈創造一個大造型物（活動過程中，教師可提出一些問題刺激幼兒進行思考）。

利用呼拉圈做造型

◎ 呼拉圈竹竿舞

　　本活動之創意，主要是來自竹竿舞，亦即將呼拉圈比擬為竹竿，在地上置兩個呼拉圈並由幼兒配合口訣（合開、合開、合合開）由二人移動圈，其他人則從事律動的活動（亦可配合左點、右點、跳一跳的口訣）來舞動身體。

　　進行活動時，可以配合音樂如「捕魚歌」，或者配合童謠如：小皮球、香蕉油、滿地開花二十一、二五六、二五七、二八、二九、三十一。

利用呼拉圈跳竹竿舞

• 教學資源 •

呼拉圈
木笛
「捕魚歌」

• 課程分析 •

◎ 單元：有趣的呼拉圈

壹、音樂作品選擇

　1. 教師利用木笛即興音樂。

　2. 朱宗慶打擊樂——捕魚歌。

貳、音樂要素的分析

　1. 利用聽音辨曲方式訓練孩子的內在聽覺能力。

　2. 旋律——培養孩子區辨高低音的能力。

參、舞蹈要素的分析

　1. 空間——手執呼拉圈配合音樂在教室的空間內自由地走動，
　　引導他們盡量走出不同的方向，並仔細體會不同方向時，
　　身體和空間的關係。

　2. 關係——將呼拉圈當作一面鏡子，並做出各種不同表情變
　　化。將呼拉圈當一項道具，並用它舞動身體，而呼拉圈的
　　功能可做不同的轉換，如：車子的方向盤、竹竿……。

肆、教學媒介的運用

聽音　　　　　　舞蹈

即興

活動主題 6

白鷺鷥

• 學習目標 •

一、體會三段曲式的特性,並做為探索音樂形式的途徑。

二、體會舞蹈中空間及流動的基本元素。

三、以不同的節奏模式,培養孩子跟隨及反應的能力。

• 教學策略的應用 •

一、六W檢討法──帶著孩子實際去觀察鷺鷥鳥的特性,並用開放
   式的問答技巧和他們一起討論。

二、直觀表達法──藉著音樂讓孩子自由表現鷺鷥鳥單腳站立的姿
   態。

三、自由聯想技術──隨著音樂旋律的變化,變換動作的速度,同
   時展現不同的體位姿勢。

• 活動內容 •

◎ 討論活動

   用 Where、When、What、Who、How、Why 六個角度來探討以
下與鷺鷥鳥特性有關的問題:

   1. 鷺鷥鳥的外形或動作特徵──金雞獨立式的靜止姿態、身體瘦
     長的造型如何表現。

   2. 鷺鷥鳥的生活習性──常常出現的地方和時間、如何覓食及其
     他可引發幼兒想像的主題,如:白鷺、蒼鷺與夜鷺經常會同時

聚集在食物豐盛的水域覓食，比較牠們的覓食習慣有何不同？

◎ 白鷺鷥郊遊去

　　本主題主要藉由樂曲中三段曲式之特性，發揮孩子的想像空間，並以肢體描繪出對音樂的特殊感受。

1. A段樂曲──請幼兒自由表現白鷺鷥單腳站立的姿態，藉此培養幼兒身體的平衡感。選擇節奏明確的四拍子樂曲，前三拍大步地移動身體，第四拍則馬上靜止做一金雞獨立的動作。做此動作時，可請幼兒將兩手張開，以幫助身體保持平衡。

2. B段樂曲──請幼兒發揮想像空間，做出白鷺鷥自由自在飛舞的姿勢，並要求幼兒除了展現不同的體位姿勢外，更應表現出不同的空間及水平變化。可加入絲巾，增加動作的創意性。

鷺鷥鳥單腳站立

鷺鷥鳥逗逗樂

3. C段樂曲——本段樂曲的速度突然之間加快很多，請幼兒想像當獵人來時，成群的白鷺鷥驚慌脫逃的情景。開始時可先由教師扮演獵人的角色，待幼兒完全明瞭規則之後，再指導幼兒輪流扮演獵人及白鷺鷥的角色。

附註：本單元所採用之樂曲為自由組合的三段曲式，教師在本單元中可多發揮自我的獨創性，來進行編曲的工作。但所選擇的音樂必須符合下列原則，即A段部分——節奏明確的四拍子音樂、B段部分——能表現輕柔流動感覺的音樂、C段部分——有較快的速度感者為佳。

● 教學資源 ●

•課程分析•

◎ 單元：白鷺鷥

壹、音樂作品選擇

• 自由組合的三段曲式音樂。

貳、音樂要素的分析

1. 曲式感——在遊戲中體會三段式的曲式風格。

2. 節奏感——讓孩子在不同節奏模式中，做出正確的回應。

參、舞蹈要素的分析

1. 空間——找機會帶孩子去觀察鷺鷥鳥，特別注意牠的特有姿態，以做為空間身體造型模仿與創作之基本素材。B 段樂曲中，當孩子想像白鷺鷥飛舞時，盡可能鼓勵他們做出高低層次不同的空間水平變化，而且活動時要運用到所有的地面空間。

2. 流動——當孩子在空間中自由舞動時，指導他們盡可能地放鬆身體各個部位，輕鬆自如地擺動手臂、身體或其他可能運用到的部位。

肆、教學媒介的運用

迴旋曲

探索

舞蹈

活動主題 7

肢體的探索遊戲

● 學習目標 ●

一、運用內在思考激發幼兒的創造力。

二、走、跑、跳的基本動作練習。

三、節奏與空間的變化練習。

四、身體造型的創作練習。

● 教學策略的應用 ●

一、探索的技術──教師製造上山探險的情境，事先準備一些問題
　　刺激孩子去想像，並帶領他們用肢體動作來表現與創作。

二、擴展內在思考法──強調藉由類推、隱喻的反應來激發孩子的
　　好奇心及想像力。

● 活動內容 ●

◎ 探險的遊戲

1. 本活動主要是由教師帶領著幼兒假設上山探險的情境，以及在
　爬山的過程中所有可能發生的情況，並用肢體動作表達出來。

2. 進行本活動時，教師可運用「類推」、「探索」的方式來擴展
　幼兒的內在思考。如：

　「我們正在爬一座很陡的山，你必須要使盡力氣的爬，請你用

　動作做出來。」

「當你正在爬山時，突然之間有一群蜜蜂向你攻擊，這個時候你會有什麼動作反應？」

「突然山崩了，一大堆石頭由山上滾落下來，如果你是那些石頭，你是怎麼滾下來的？」

「現在前面出現了一條大水溝，你怎麼越過去呢？」

3. 教師引導活動時，最好能以一故事情節來發展，有主題、有內容的表達會更具趣味性，且不致有太抽象的感覺。

4. 每一個情節過程中，教師宜加入快慢節奏變化，以及利用走、跑、跳、滾的移位動作。

◎ AB 曲式的動作與造型創作

1.（A 段自由舞動）

　　當樂曲呈現時，幼兒自由的舞動身體；身體舞動時，可包含高低水平及不同的方向與路徑。

2.（B 段身體造型）

　　當樂曲演唱一段時間後，由教師按下錄音機讓音樂停頓，此時請幼兒以不同的主題創作造型，如：橡皮人、蛋糕、機器人、騎三輪車；一人扮身體發癢、一人扮抓癢的人……等。

附註：教師可就流行的 Disco 音樂中任選一首音樂播放。

火車出山洞了

我們是橡皮人

・教學資源・

Disco 音樂
橡皮人造型玩具

◎ 單元：肢體的探索遊戲

壹、音樂作品選擇

・流行的 Disco 音樂一首，用於 AB 曲式的動作造型創作活動中。

貳、音樂要素的分析

・曲式概念──在 AB 曲式動作與造型創作活動中，A 段的流動與 B 段的靜止之安排，主要在發展孩子對二段曲式的印象，還有節奏上的對比概念。

參、舞蹈要素的分析

1. 基本的身體活動──藉由上山探險的活動，帶領孩子練習走、跑、跳的基本活動。當孩子做得很好時，教師可運用更多的身體活動，如：翻、滾、爬、下墜、旋轉、大跳躍……等，並將上述活動加入探險的故事情節當中。

2. 空間運用──當教師帶領孩子進行探險活動時，必須充分地利用到整個教室空間，其行進路徑亦可有所變化，忽而東、忽而西，讓整個活動的走動方向不斷轉換，有利於發展身體和空間的關係。

3. 時間速度的對比──當一群蜜蜂正在追趕你的時候，讓身體快速地動起來；當你走得很累時，讓身體動作慢下來，藉由這些活動讓孩子經驗速度上快慢的對比。

肆、教學媒介的運用

探索

迴旋曲　　　　　　律動

活動主題 8

森林的探險

● 學習目標 ●

一、經由靜默的訓練，培養幼兒注意聆聽聲音的習慣。

二、學習聲音強弱的控制。

三、大自然音效的模仿。

四、運用肢體創作，完成探索的過程。

五、運用數位多媒體教學情境。

● 教學策略的運用 ●

一、自由聯想技術——教師給予孩子一項想像的刺激，要他們用聲音聯想的方式，想想森林裡有哪些動物？並且輕聲地發出他希望扮演的動物角色所具有的聲音特性。

二、視覺化技術——教師事前將教室布置成森林的意境，接著指導孩子採分組表演的方式，利用肢體造型組合成與森林環境有關的事物，如：營帳、獨木橋等。

● 活動內容 ●

◎ 森林祕境

　　事前蒐集一些與森林有關的圖片檔，接著利用投影技巧，以Powerpoint 方式將所蒐集的森林圖片呈現在教室內，並選擇適當音樂藉以營造一個神祕森林的感覺。這是利用數位多媒體所製作的教

學情境，是讓聲音、圖像與音樂等元素與教室情境結合的一種形式。

◎ 森林中有趣的聲音

1. 請孩子在教室中任選一個據點站立，從中找出一位孩子擔任探
　險者的角色。

2. 除了探險者之外的其他孩子，每人任選森林中所有可能存在的
　東西，包括：各種動物、各種植物、各種大自然所可能存在的
　聲音，並加以模仿。

3. 此時，必須要求探險者用黑色眼罩將眼睛蒙住，而擔任森林角
　色者必須持續發出欲模仿的聲音。

4. 遊戲開始時以發出輕聲為主，此時，探險者必須緩緩地移動位
　置，每當探險者快靠近森林任一角色時，該名兒童即發出較大
　的音響以警惕探險者不可靠近；探險者耳朵必須很敏銳地聽周
　圍所發出的聲音，盡量不去碰到該名兒童。

◎ 叢林探險隊

1. 本主題主要為肢體造型創作，亦即教導孩子如何運用自己的身體創作不同的環境來玩遊戲。

2. 活動前教師先和孩童討論「森林」中各種特殊的環境，如：瀑布、雜草、小茅屋、獨木橋……等。

3. 接下來由孩子按照不同的人數組合，並以肢體來設計各種環境的造型，同時組織一支「叢林探險隊」，利用已設計好的環境來一次探險。

叢林探險隊

• 教學資源 •

黑眼罩
各種造型用素材

• 課程分析 •

◎ 單元：森林的探險

壹、音樂要素的分析

1. 內在聽覺訓練——在孩子被黑面罩蒙住時，很自然地就會特別專注聆聽周圍所發出的聲音。此種發自內在的聽覺專注學習，將有益於其他方面的學習。

2. 音色聽辨力訓練——探險者在分辨由其他孩子所模仿發出的各種聲音時，必須事先判斷是屬於哪一類的聲音？是動物叫聲或大自然音響？由活動中可培養孩子對音色類別和音色高低的判斷能力。

3. 聲音控制的訓練——創作聲音的活動中，孩子可以學習到如何隨意地控制聲音的強弱、大小，能多予以練習的話，對往後的發音將有相當的助益。

貳、舞蹈要素的分析

• 空間——利用身體來設計、創作與森林環境有關的造型活動中，讓孩子經驗各種不同的線條造型，譬如：做成直線、曲線、弧線或用身體去堆疊成小茅屋、觀賞亭……等。

參、教學媒介的運用

探索　　　　唱

聽音　　　　即興

活動主題 9

彩虹魚

● 學習目標 ●

一、利用集體探索，學習自由、開放並與他人分享。

二、即興創作各種有關魚兒的移位動作以及情緒表情變化。

三、以故事聯結各種非移位動作，並做簡單到複雜的組合。

四、由身體覺察的活動中，學習表達性與創造性。

● 教學策略的應用 ●

一、自由聯想技術——教師給予「魚」的主題，依指示做出魚的各
　　種游姿，並在表現過程中加入表情及情緒變化。

二、狂想類推——由教師提出問題，並指導孩子以各種不尋常的方
　　式來解決問題，狂想類推經常會用到的口語句型是「如果……
　　你會……」，如：「如果你是一條被網住的魚，你會表現出什
　　麼動作？」

你們是一群被網住的魚

• 活動內容 •

◎ 彩虹魚的故事

　　本故事描述在一個深海中住著一條擁有閃亮鱗片卻非常孤芳自賞的「彩虹魚」。其他的小魚原先都很希望和牠做朋友，但因為彩虹魚的傲慢，最後變得離群索居，而愈來愈不快樂。牠唯一的一個朋友「海星」告訴彩虹魚，如果去找章魚也許可以幫助牠恢復快樂的心情。這時，章魚建議彩虹魚將身上的鱗片分享給其他的小魚，只有這樣才能再度擁有失去的快樂。（故事內容摘自《彩虹魚》，青林出版，2001）

◎ 光影或黑光遊戲

　　在和孩子講故事的時候，教師可以利用道具或器材來增加故事

的趣味性。譬如：在一塊大布幕後，利用投影的效果，同時準備一些紙影偶，一邊講故事，一邊演戲（紙偶的設計要能達到彩虹魚的特色效果）。接著透過投影的趣味讓幼兒在布幕後，模仿彩虹魚的各種游姿。或讓幼兒在黑色紙上用螢光劑做彩繪，再利用黑光效果說彩虹魚的故事。

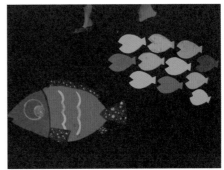

製造理想的說故事情境

◎ 魚的聯想

1. 由幼兒扮演一群美人魚，做各種自由曲線的移動。

2. 請小朋友依指示做各種變化的游法，例如：快速游、悠哉悠哉游、翻身、轉身、跳躍、旋轉、擺動、蠕動等移位動作。同時，可加入感情的成分，如：以嘴吸氣、害怕、發抖等。

3. 漁網捕魚

　問幼兒：「如果漁夫撒下漁網追捕你，你會怎樣？」請幼兒一人扮漁夫、一人扮魚做互動追捕之即興。

　問幼兒：「如果你是一條被漁網網住的魚，你會怎樣？」請幼兒六至七人牽手做網而追捕魚群，被捕的魚應表現跳躍、滾動、掙扎等即興的動作。

• 教學資源 •

故事繪本《彩虹魚》
白色大布幕
漁網
魚的紙影偶

• 課程分析 •

◎ 單元：彩虹魚

壹、音樂作品選擇

1. 柴可夫斯基——靴中小貓／睡美人芭蕾組曲（做為教師進行彩虹魚故事活動時之背景音樂）。

2. 張雨生——一天到晚游泳的魚（做為「魚的聯想」活動之背景音樂）。

貳、音樂要素的分析

1. 節奏感訓練——在「魚的聯想」活動中，教師可運用快／慢音樂的交替進行，讓孩子在活動中建立快／慢的辨別意識。

2. 音樂探索能力的培養。

參、舞蹈要素的分析

1. 空間——在模仿魚兒游姿時，指導孩子由高水平到低水平表現，再由低水平到高水平的對比動作，肢體必須以緩慢、柔軟的方式來做。

2. 空間地板模式變化——當孩子模仿魚兒游泳時，指導孩子試著以不同的途徑來游，如：

3. 力量——讓孩子體會自由游動時的放鬆感，以及被漁網網住後的緊張感，當你表現這種感覺時，如何使用身體的力量。

4.當孩子依指示做出各種變化玩法時，指導他們充分地運用
　身體的各個部位。

肆、教學媒介的運用

活動主題 10

神奇的彩帶──變變變

●學習目標●

一、利用創造性素材完成造型與肢體的探索和聯想。

二、以內在情感去感覺音樂,並以律動來聯結潛在意識。

三、體會音樂中流動的旋律線條。

●教學策略的應用●

一、自由聯想技術──教師給予孩子一些圖形材料,讓孩子找出圖形和彩帶之間的聯結關係。

二、屬性列舉法──由教師激發孩子說出彩帶的特性,如:柔柔的、輕飄飄的……。

三、直觀表達法──讓孩子舞動彩帶並配合身體節奏,表現出對音樂的感覺。

四、歸因法──讓孩子在不同顏色的彩帶中,找出與自己所選相同顏色的彩帶,並配合音樂做集體創作表現。

五、自由聯想技術──孩子利用大小不同的彩帶,製造各種類型的海浪變化。

活動內容

彩帶的造型

1.數字遊戲

運用彩帶寫 1～10，寫時要求幼兒動作幅度要大。

2.圖形遊戲

(1)畫「S」形——此動作之弧度宜更大，且甩動帶子時要連同跳起的動作，以免帶子捲曲在一塊。

(2)畫「⌢」形——此動作以連續方式加上移位動作來進行。

(3)畫「∞」形——畫此字形時可配合身體的轉圈，使變化更大。

3.自由創作

(1)進行本活動前，教師可運用「屬性列舉法」激發幼兒說出彩帶的特性，如柔軟的、飄動的……等。

(2)教師配合柔美的音樂帶動幼兒的情緒，用肢體表達出對彩帶的感覺，並用手上的彩帶來發揮。

(3)讓幼兒將各種彩帶的顏色加以分類，相同的彩帶組成一組，跟著旋律再做一次集體的創作。

想像及益智遊戲

1.海的聯想

海底是一個神祕且充滿幻想空間的世界，海底的魚類眾多，海洋世界的海龍王以及水晶宮都是幼兒感興趣的題材。本主題以海的

聯想為題，讓幼兒能仔細地觀察各種海浪的變化，並以手中的彩帶做出各種海浪的樣式。

　　幼兒兩人一組各執彩帶的一邊，面對面並排成一列，利用雙手揮動彩帶，以製造各種類型的海浪變化。諸如：小海浪、大海浪、洶湧的浪……等。並請二位幼兒扮演海底動物，在海浪當中穿梭。此時由教師引導幼兒做出緊張、收縮、蠕動……等肢體的變化。

教師指導孩子用身體做出緊張、收縮、滾動……等動作變化

2.海底奇觀

　　教師可以指定兩位幼兒擔任海底探險的主角，經由海龍王的協助進入了海底，看到了水母、魟魚、烏龜、水草、蚌殼……，除了動作之外，可以讓幼兒用各種布料或廢棄物創作出身上的造型。

利用廢棄物做出海底動物造型以搭配律動表現

3.音樂迷宮

　　給予幼兒數條彩帶，讓幼兒在地下排出方塊圖形，二人一組，每人站立一端為起點，猜拳勝利者走一段，並拿起地上的樂器，即興一段節奏（遇十字路口則轉彎），看哪一方先走到對方處。圖形如下頁：

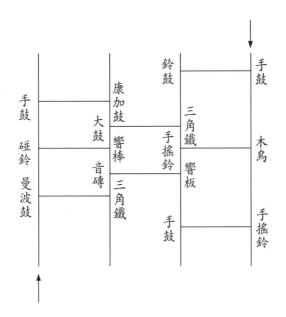

• 教學資源 •

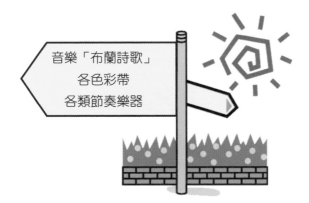

•課程分析•

◎單元：神奇彩帶──變變變

壹、音樂作品選擇

・樂曲──布蘭詩歌 No.5。

貳、音樂要素的分析

1. 旋律──利用彩帶的自由創作活動中，教導孩子區辨高低音、大小聲，並畫出旋律線條。

2. 節奏──利用各種節奏樂器創作簡單的節奏。

參、舞蹈要素的分析

1. 空間線條造型──當孩子自由地舞動彩帶時，讓他做出曲線、拋物線、直線、螺旋線條之造型，身體可以跳起、蹲下，不斷做出各種水平變化。

2. 力量──在「海的聯想」單元中，讓孩子體驗大小海浪變化下，身體所產生的緊張、收縮或放鬆、擴張的感覺。

肆、教學媒介的運用

律動

聽音　　　　　探索

活動主題 11

蓋房子

● 學習目標 ●

一、由肢體建構中，引發相關經驗和聯想。

二、利用肢體動作來感應與音樂節奏相關的元素。

三、結合樂器和表演者之肢體律動，呈現另一種戲劇效果。

● 教學策略的應用 ●

一、六W檢討法──教師運用開放性問答技巧，和孩子討論蓋房子
的時候可能會碰到的一些狀況。

二、形態分析法──所謂形態分析即將構想分析後，再加上各種不
尋常的組合。教師請孩子說出曾經看過哪些型態的房子？蓋房
子可以用哪些材料？然後指導孩子運用不同人數的組合，並搭
配各種材料來建構不同型態的房子，如：由三人搭蓋茅草屋、
由十人搭蓋磚頭樓房⋯⋯等。

三、聲音的聯想──讓孩子選擇適當的節奏樂器，模擬出建築時可
能使用的工具所發出的聲音，如：用響棒製造釘木樁的聲音。

● 活動內容 ●

◎ 討論（運用開放性問答技巧）

1. 幼兒曾經見過或住過哪些型態的房子？

2. 蓋房子時應使用哪些工具？這些工具會發出哪些聲音？

3. 在哪些情況下房屋會倒塌？假如房屋倒塌時會怎麼樣？

◎ 身體塑造及形狀探索

1. 利用身體集體建構表現不同型態的房屋造型。

2. 利用身體模擬房屋倒塌的模樣。

3. 進行本活動時，可準備許多舊紙箱、廢紙條等廢棄物，以增加創作時更寬廣的空間。

利用廢棄物做各種房屋造型

◎ 聲音的模擬

1. 利用節奏樂器，模擬建築時使用的工具所發出的聲音，並學習不同的節奏變化。建築工具與樂器的關係如下：

　(1)用鋸子鋸木板──刷刷筒

　(2)挖土──辣齒

　(3)釘木樁──響棒

　(4)釘鐵釘──三角鐵

　(5)刷油漆──木琴

2. 教師將幼兒分組並將上述樂器分給幼兒，接著指導幼兒根據不同的節奏型態進行合奏。

刷刷筒

辣齒

響棒

三角鐵

木琴　　　　　　　　　　　　　　　　　（以滑音方式敲奏）

3. 接著教師利用上述樂器，指揮幼兒和著教師所給予的即興節奏做出配合節奏的肢體律動。

●**教學資源**●

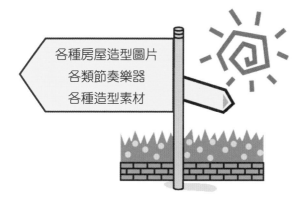

各種房屋造型圖片
各類節奏樂器
各種造型素材

• 課程分析 •

◎ 單元：蓋房子

壹、音樂要素的分析

1. 節奏元素的了解——在合奏活動中讓孩子去經驗四分之一拍、八分之一拍及休止符等拍子。

2. 音色聽辨力——強調在工具聲音模擬的活動當中，經由教師的引導能多體驗音色力度上的強弱變化，以及音色對比上快慢的感覺。

3. 合奏——結合不同的模擬工具來進行合奏的活動，除了加強演奏技巧外，更能強化孩子自我表現的慾望。

4. 聲音的創作——讓孩子自行選擇與各項建築工具相關的音色樂器，目的即在發展孩子的想像能力，對創造力的啟發具有絕對的影響。

貳、舞蹈要素的分析

1. 空間造型——運用身體來搭建各式的房子，或與其他人的身體結合做造型的活動本身，具有增強孩子的造型概念外，更能讓他們明瞭如何充分地運用本身的肢體。

2. 人與物的關係——當教師提供孩子各種素材來增進孩子造型的創作空間時，也同時鼓勵孩子與環境進行互動。由於「物品」是沒有限制的，因此教師可充分地運用生活周遭所可能提供的物品讓孩子來運用。

3. 節奏模式——教師在安排合奏時可給予不同的長與短、慢與快的拍子組合，並指導孩子的身體配合教師所給的節奏模式，盡量去感覺節奏和動作之間的關係。

參、教學媒介的運用

遊戲及合奏

律動

聽音

即興

活動主題 12

月亮的故事

●學習目標●

一、利用說白引導孩子體會及探索語言的節奏。

二、藉肢體遊戲體會休止符。

三、發展音樂性、肢體性及情感性的感應力。

●教學策略的應用●

一、視覺化技術──幼兒傾聽教師講述 *How the Moon Got in the Sky*？（Addision-Wesley, 1989）的故事，教師講到一半時先暫停，引導孩子繼續運用他們的想像力，將故事說完，並編個合理的結局。

二、擴散性思考──教師指導孩子運用想像力去聯想休止符號的特徵，並用聲音或動作表現出來。

三、狂想類推──讓孩子用不尋常的思考去想像一群酒鬼想將天上的月亮搬運回家的過程。

●活動內容●

◎月亮的故事

利用大書 *How the Moon Got in the Sky*？講述月亮高掛天上的由來。

故事大意

很久以前，在非洲出現了一隻非常特別的蜘蛛，牠的名字叫An-ansi。牠曾經經驗過許多的奇遇，以下的故事就是其中非常特別的一項。

有一天晚上，Anansi 在森林裡發現了一個既奇妙又美麗的東西，這是一個相當大的光圈，它閃閃發亮地照著整個大地。這個時候，Anansi 非常驚訝地望著這個光圈說道：「哇！好美啊！真想把它帶回家，送給我其中一個兒子。但是，到底要送給哪一個呢？」由於六個兒子都想得到它，Anansi 實在無法做出決定。最後，Anansi 只好去請求萬物之神 Nyame 的幫忙，Nyame 告訴 Anansi 若要六個孩子都快樂的話，只有把這個光圈丟到天上，讓大家都能擁有它、欣賞它。

終於，Anansi 決定把這個光圈丟出去讓它高掛在天上，這真是一個美麗又閃亮的時刻啊！

利用大書說故事

◎ 月亮的遊戲

1.練習兒歌說白及節奏

「小月兒圓」的節奏模式及兒歌說白。節奏模式及歌詞如下：

小 月兒圓，　　小 月兒亮，　　月 兒 高高掛在 天 空 上。

小 柚子甜，　　月 餅兒香，　　中 秋 賞月大家 月 餅 嚐。

2.休止符的聯想

教師指導孩子運用想像力，去想像「休止符」的符號特徵，如：像閃電、小鳥飛……等，然後指導孩子唸兒歌，當唸到休止符處則做出剛剛聯想的動作。

3.利用肢體玩節奏遊戲

全體幼兒圍圓圈，指定三名幼兒手拿樂器做為月亮的象徵。另指定一名幼兒在圈內繞圈走動，邊唸「小月兒圓」兒歌說白，當走到休止符處時，則用手、腳或其他身體部分拍打樂器一下（可讓孩子自行決定要運用的身體部位）。

◎ 摘月的聯想

本主題主要是描述一群酒鬼，酒後發生狂想，希望將月亮運回的過程。活動中所選的樂曲以三段曲式音樂為主，A 段樂曲描述一群酒鬼共同討論如何將月亮偷回家，此時指導孩子運用肢體去想像酒鬼醉酒時的模樣；B 段樂曲以表現將月亮運回家的情境為主，並以快和慢速度變化的音樂，引導幼兒體會肢體在不同速度中的感覺；C 段樂曲則以能表現歡欣慶賀的情境為主。

透過絲巾來看月亮更具朦朧美

呼拉圈──

象徵好大的月亮

•教學資源•

How the Moon Got in the Sky? 大書
呼拉圈　鈴鼓或手鼓
絲巾　兒歌節奏譜

● 教學錦囊 ●

無論成人或幼兒，幾乎很難抗拒大書的誘惑，因為它較小本童書擁有更好的品質。大書除了在印刷上有較大的文字與圖片之外，還能允許教室中所有的孩子們都能分享到它的美感和故事情節，且對大書中的童詩與趣事記憶較能長久。

● 課程分析 ●

◎ 單元：月亮的故事

壹、音樂作品選擇

1. 童謠（自編）——「小月兒圓」。

2. 古典樂曲——教師可由古典樂中自行組合三段曲式音樂，或由現成音樂中選擇 A、B 段為抒情，C 段為輕快色彩的音樂。

貳、音樂要素的分析

1. 兒歌說白節奏訓練——本單元所採用的童謠為：(1) 4/4 拍；(2)四小節；(3)節奏模式（如上述活動內容中所示），過程中特別讓孩子去體會休止的感覺。

2. 音樂欣賞——本單元所採用之古典樂宜包含下列特色：(1)曲式風格——三段曲式；(2)能區辨出高低音；(3)音樂色彩——A、B 段抒情，C 段輕快。

3. Silent Beat——心裡（靜默）節奏的練習。

參、舞蹈要素的分析

1. 力量——當碰到音樂中的瞬間高音時，指導孩子表現出瞬間動力的肢體動作。

2. 空間——高低水平、舞跡動線創作。

3. 時間——體會快慢速度時肌肉的感覺。

4. 關係——當孩子與絲巾共舞時，即發展出體會人與物的互動關係。

肆、教學媒介的運用

辨別曲式　　　　　　辨別旋律節奏

音樂欣賞

活動主題 13

好餓的毛毛蟲

●學習目標●

一、訓練手指的靈巧能力。

二、體驗身體收縮與擴展的感覺。

三、利用身體的移位，體會毛毛蟲的蠕動、蜷曲、結繭的動作特性。

四、運用絲巾的特性，展現毛毛蟲蛻變成蝴蝶後展翅飛舞的動作。

●教學策略的應用●

一、屬性列舉法——讓孩子說出絲巾的特性：輕飄飄的、柔柔的 ……。

二、狂想類推——想像自己是一個繭，很想用身體去掙脫繭的束縛； 請孩子用身體表現掙扎的感覺。

三、直觀表達法——當孩子掙脫繭的束縛後，指導他們運用想像力 及五官的感覺，並利用肢體表現出喜樂、聞樂起舞的愉快動作。

利用毛毛蟲襪偶說故事

掙脫繭後愉快地聞樂起舞

● 活動內容 ●

◎ 毛毛蟲說故事

利用艾瑞・卡爾所著《好餓的毛毛蟲》（鄭明進譯，1990）故事，引發孩子對毛毛蟲的興趣。並和孩子討論毛毛蟲的成長與蛻變情形，再和他們討論毛毛蟲如何運用蠕動的方式來表現牠的動作特性。最後拿出絲巾讓孩子想像蝴蝶的翅膀如何揮動，並鼓勵他們說出絲巾的特性。

◎ 毛毛蟲運動

1. 先和孩子做一些手指運動暖暖身（任何手指謠均可）。

   接著利用「不愛洗澡的毛毛」的故事提醒孩子，毛毛因為不愛洗澡，因此身上爬滿了毛毛蟲，現在我們要把毛毛蟲從毛毛身上拿下來。（利用二段曲式音樂和孩子玩這個遊戲）

   ・A段音樂──想像並做出把毛毛蟲丟掉的動作。

   ・B段音樂──將手指想像成是毛毛蟲，做出蠕動以及在身上任何一個部位爬上爬下的動作，身體則必須表現出很癢的感覺。（身體部位的探索）

2. 同樣的音樂可以指導孩子發展互動的關係，讓孩子去捉同伴身上的毛毛蟲，或者把自己身上的毛毛蟲丟到同伴身上，亦可發展出另一番趣味。（人與人之間關係的發展）

◎ 毛毛蟲變蝴蝶

1. 指導孩子將身體蜷曲成一顆毛毛蟲卵的樣子，並隨著音樂慢慢地將身體展開，提示孩子不斷地變換不同的姿勢與造型。（身體收縮與擴展）

將身體蜷曲成一顆毛毛蟲卵的樣子

2. 展開後的身體以蠕動的方式移位，想像自己是一條毛毛蟲在草
地上覓食的樣子。（移位方式的練習）

3. 接著用身體模擬結繭的過程，用一塊雪紡紗布料象徵是繭的外
衣，將孩子的身體包裹起來形成一個繭。（身體收縮）

用雪紡紗將身體包裹起來形成繭

4.指導孩子掙脫繭的束縛，想像身體獲得自由時，輕飄飄舞動起
　來的感覺。（利用絲巾的特性，培養舞蹈中人與物關係的發展）

伴隨絲巾輕柔的特性舞動身體

●教學資源●

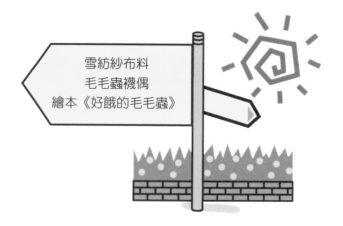

● 教學錦囊 ●

　　「成長」是多麼歡愉的一件事！《好餓的毛毛蟲》童書作者艾瑞‧卡爾透過豐富的圖像、鮮豔的色彩，展現其對生命現象的各種反思，而且是由兒童眼光來看世界的各種反思。在《好餓的毛毛蟲》裡，一隻剛出生的小毛毛蟲，拖著餓扁的肚皮，一步一步往前爬，鍥而不捨的找東西吃。在書中我們看到作者利用打洞的特殊效果，呈現毛毛蟲蛻變為蝴蝶的過程，同時也用其拼貼的特殊圖畫，介紹了十多種食物，以及星期天到星期一的名稱，加上紙版書的形式與圓角的設計，成為一本不可多得，能讓幼兒享受多種閱讀樂趣的玩具書。

● 課程分析 ●

◎ 單元：好餓的毛毛蟲

壹、音樂作品選擇

　1. 迴旋曲式音樂——「Indo Eu」（作者：Hermann Urabl）

　2. 古典樂——清晨

　3. 古典樂——森林中的水車

　4. 古典樂——杜鵑圓舞曲

貳、音樂要素的分析

　‧曲式風格——利用毛毛蟲運動讓孩子用身體去體會迴旋曲式的音樂風格。

參、舞蹈要素的分析

1. 空間——運用身體體會毛毛蟲蠕動時蜷曲的線條變化。當毛毛蟲由卵變成繭到最後成蝴蝶的過程中，經驗由低水平到高水平的空間變化，當孩子用身體模仿蟲卵蜷曲時，指導他們盡量將身體貼近地面。

2. 力量——當毛毛蟲破繭而出變成蝴蝶時，指導孩子隨著音樂輕快的旋律，讓身體表現懸浮、輕盈、圓滑以及流暢的感覺。尤其，手臂的揮動要盡可能地放鬆，並以手臂帶動身體的旋轉。

3. 關係——兩人一組或群體進行毛毛蟲運動的時候，不但能增進孩子彼此的關係，更能增加活動的趣味性。而利用雪紡紗及絲巾做為活動的道具，不但能發展人與物之間的關係，更能增進創作的可能性。

肆、教學媒介的運用

舞蹈　　　　　　　迴旋曲

即興　　　　　　　探索

活動主題 14

小泡泡旅行去

·學習目標·

一、練習基本發聲法。

二、比較長短音的不同。

三、培養即興創作簡單旋律的能力。

四、增進以內在情感感應音樂的能力。

五、比較氣流音與非氣流音的不同。

·教學策略的運用·

一、擴散性思考──由教師提供「泡泡」的素材，讓孩子去聯想並發出各種不同的長音，持續地追著泡泡，不讓它著地。

二、直觀表達法──讓孩子隨著不同的樂曲，用身體表現出魚兒游、水草飄等動作。

用身體表現魚兒游的動作

• 活動內容 •

◎ 吹泡泡遊戲

1. 指導幼兒在一連串的泡泡中，找一個屬於自己的泡泡，並讓幼兒追隨泡泡的行進，發出一個等長的聲音。泡泡著地時則以一個頓音結束。

小朋友，請找一個最大的泡泡

2. 讓幼兒比較無氣流與有氣流聲音的不同。由於氣流的關係，呼吸時聲帶合攏，吐氣時聲帶分開。聲帶經此周而復始循環，再加上氣流的作用形成所謂的「發音」。提到「運氣」之前，必須先了解正確的呼吸方法，因為氣息是提供發聲所需要的原動力。唯有反覆地練習並由教學的示範當中，才能慢慢地掌握正

確運氣和氣流支持的感覺；也唯有如此，方能真正了解到何謂橫膈膜的支持，小腹收縮吐氣的要訣。

◎ 美人魚和泡泡

1. 本遊戲主要由聆賞古典音樂中，透過身體的感覺，隨著音樂舞動身體，經由音樂的想像，培養豐富想像力及創作力。

2. 樂曲由二段曲式構成：

   - A段樂曲——描繪魚群有時優游，有時快速奔竄的感覺。當A段樂曲出現的時候，指導孩子模擬魚兒在水裡優游的感覺，引導者此時宜配合口語，提示孩子用柔軟的身體、緩慢的速度，手可以做魚頭也可做魚尾讓它變化多端。運用引導語彙，能幫助孩子更加地了解舞蹈元素和創造力之間的關係。

   - B段樂曲——象徵玻璃水箱中透明的清水，且充滿泡泡的景象。這時由教師分配一群孩子當泡泡，並用已泡好的泡泡水來吹泡泡，另一組孩子扮演水草，讓他們手拿彩帶上下舞動做出水草在水裡舞動的感覺。若要讓角色更豐富，教師可讓孩子利用身體做其他水中動植物的造型，並提供各種創意的素材給孩子，讓他們先做好造型後再加入舞蹈。

3. 接著讓孩子再聽一次音樂，並將聽到的感覺以音樂圖譜的方式畫出來。（音樂圖譜創作請參考第二章）

● 教學資源 ●

● 教學錦囊 ●

在教學過程中,教師若能運用適當的語彙作為引導,則可以刺激並引發更多的想像力,此外,運用語彙的引導也可以增進幼兒對動作表現的感覺(李宗芹,1991)。「語彙」的運用可以根據下列三項法則:

◎ 1.和動作質地配合的語彙

如:「像魚一樣悠哉悠哉地游、像鯊魚一樣游得好快。」這類語彙的運用,可以幫助幼兒在動作力量的運用上,以及舞動空間的變化上,有更精細的表現。

◎ 2.富有聯想與創造力的語彙

如:「你的手可以有更多的變化,可以跳舞、可以變水草、可以變螃蟹……;你的身體動作可以像鰻魚一樣的扭動,水草除了上下漂動之外還可以多一點變化。」這類語彙的運

用可以訓練幼兒的手部動作發展得更細緻、優雅、變化多端。

◎ 3.語彙本身即具有行動感

如：「像毛毛蟲縮得小小的、突然之間變成蝴蝶到處飛翔；像好多顆泡泡到處飛來飛去。」此類語彙的運用可以幫助幼兒更加了解舞蹈元素之間的關係。

• 課程分析 •

◎ 單元：小泡泡旅行去

壹、音樂作品選擇

• 古典樂──「動物狂歡節──水族館」

貳、音樂要素的分析

1. 曲式風格──「水族館」這首樂曲主要是以二段式的結構構成。

　　• A段樂曲──由長笛和弦樂器描繪魚群有時優游，有時快速奔竄的感覺。

　　• B段樂曲──鋼琴清澈的琶音，表示玻璃水箱中透明的清水且充滿泡泡的景象。

2. 音樂色彩──清澈琶音的效果，象徵泡泡的晶瑩剔透。

3. 聲音的比較──氣流音與非氣流音的比較。

參、舞蹈要素的分析

1. 空間──當孩子用身體模擬魚兒游的姿態時，便屬於身體線條造型的創作，在過程中讓孩子充分地運用空間，使整個舞跡動線更富於變化。

2.力量——當孩子用身體模擬魚兒游的姿態時，提示他們表現輕柔及流暢的感覺。

3.關係——當教師提供彩帶或其他造型物給孩子時，即在讓孩子體會與物品之間的關係。

肆、教學媒介的運用

即興創作

音樂欣賞

唱（發聲）

享受情境

辨別曲式

圖形譜創作

活動主題 15

巫婆來了

● 學習目標 ●

一、利用戲劇性主題，結合音樂、舞蹈的即興，發展幼兒創造力。

二、學習簡單的頑固伴奏，並用樂器創作想像的聲音。

三、由動作探索中，引發相關經驗與聯想。

● 教學策略的應用 ●

一、激發法──教師運用發問技巧，提出有激發性的問題，如：「當
　　巫婆出現時，可能有哪些事會發生？」又如：「當你喝了魔法
　　湯之後，你最希望實現的一件事是什麼？」

二、擴散性思考──指導幼兒以人聲或樂器創作各種動物的叫聲，
　　愈奇怪的聲音愈有趣。

三、重組法──由教師給予一些熟悉的線索，指導孩子運用想像力，
　　並用身體線條來表現教師所給的主題，如：「巫婆把你變成一
　　棵大樹，請你用身體表現出來。」

• 活動內容 •

◎ 巫婆來了

故事引導：「有一個神祕的國度，裡面住滿了巫婆，貓頭鷹是她們的信差、飛天掃帚是交通工具、西洋棋子會思考……」。在近年來風靡全球的小說《哈利波特》的故事情節影響下，魔法師或巫婆再度受到了幼兒的歡迎。

遊戲開始時由教師扮演巫婆的模樣，隨著主題旋律出現在教室內，告訴幼兒來此的目的，並且問幼兒：「當巫婆出現時，可能有哪些事情會發生？」好心的巫婆想幫幼兒煮一鍋營養的濃湯，希望幼兒喝了湯之後，身體會變得非常的強壯。接著可以運用魔法實現孩子的願望，只要孩子想變成任何的東西，就能變成任何的東西。主題曲「巫婆來了」如下：

巫婆飛來了

巫婆來了

Em throughout   Olwen 曲

尖尖的 鼻子，高高的 帽子，騎著小 掃帚，飛 來(走)了

月 亮 星 星，在 身 邊， 高 山 在 腳 下。

飛 來(走)了，巫婆 飛 來(走)了， 大 家 等 著 她。

飛 來(走)了，巫婆 飛 來(走)了， 展 開 神 奇 夜 晚。

◎ 巫婆煮濃湯

1.煮濃湯

教師可事前準備一些動物的玩具，當作是濃湯料。開始下料前，可先指導幼兒以聲音或樂器模仿每一種動物的叫聲，如：蟾蜍、青蛙、蛇……等，愈稀奇古怪的動物愈有趣。接著教師準備一個大鍋子，然後一種一種料逐項加入，最後，變成一鍋濃濃的湯。

煮濃湯時，由一位教師扮巫婆，另一位以直笛吹出主旋律，並請幼兒分組用音磚奏出頑固伴奏。其旋律如下頁所示：

各種動物玩具

巫婆煮濃湯

2.快樂歡飲

濃湯煮完後，由教師吹出一段旋律，並帶領幼兒作出一段即興舞（如：A段音樂模仿教師動作，口訣：拍一拍、抱一抱、右轉轉、左轉轉；B段音樂則模仿巫婆走路）。這時可以把鍋子當作一位安靜的舞者，和它共舞一段，其譜例如下：

巫婆歡宴

◎ 肢體造型的即興

本活動主要在鼓勵小朋友以肢體做出各種可能的造型，如：

※巫婆來了，把小朋友變成樹，每一棵樹都不一樣。

※巫婆來了，把小朋友變成各種不同的動物。

※巫婆來了，把你變成一個鼻子上長了蓮霧的怪人。

※現在你是一隻小鳥，請你自由的飛，感覺自己像一隻鳥。

巫婆把你變成了蝸牛

● 教學資源 ●

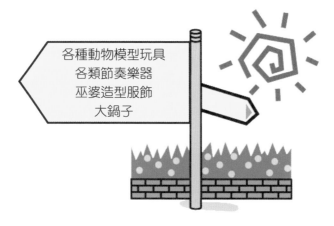

各種動物模型玩具
各類節奏樂器
巫婆造型服飾
大鍋子

造型遊戲

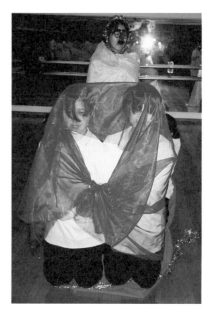

巫婆把你的鼻子變形了

• 課程分析 •

◎ 單元：巫婆來了

壹、音樂作品選擇

1. 巫婆來了（Olwen Reeve 編曲）

2. 巫婆煮濃湯（Olwen Reeve 編曲）

3. 巫婆歡宴（Olwen Reeve 編曲）

貳、音樂要素的分析

1. 音色——利用人聲或樂器聲模擬各種動物的叫聲，培養孩子對音色類別的聽辨能力。

2. 4/4 拍及 4/2 拍的曲子。

3. 音樂色彩——以流動輕快的感覺來表達歡樂的氣氛。

參、舞蹈要素的分析

1. 空間——

(1)當巫婆們出現時嘗試走出不同的路線與軌跡，如：

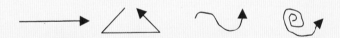

(2)用身體做出各種不同的線條造型。

2. 力量——巫婆歡宴時，指導孩子盡量以輕快、流動的力量，表現愉快的感覺。

肆、教學媒介的運用

舞蹈

唱歌

迴旋曲

遊戲及合奏

活動主題16

尋寶遊戲

● 學習目標 ●

一、學習分辨各種樂器的形狀及音色、聲音高低。

二、認識樂曲中各種速度的變化。

三、指導孩子模仿各種動物的特徵並能創作與眾不同的動作。

● 教學策略的應用 ●

一、自由聯想技術——孩子用身體去模擬經驗中動物行進的動作，或聽完音樂後讓孩子從圖卡找出音樂中所代表的動物。

二、歸因法——指導孩子去比較各種鞋子的功能與特性，並引導孩子找出各種不同動物所適合穿的鞋子，如：大象穿馬靴。

三、屬性列舉法——提供孩子各式各樣的鞋子以及許多素材來設計與裝扮自己，根據動物屬性以找尋適合動物的影像。

● 活動內容 ●

◎ 動物尋寶記

　　有一天森林裡的動物們計畫開一個盛大的舞會（馬戲團表演會），而想參加的動物們必須遵守一個原則，那就是：「凡是要參加者，必須穿著牠最喜歡的一雙舞鞋來」。這時候所有動物們都興奮極了，並且開始到處找能夠穿去參加舞會的舞鞋。這時，森林裡出現了一個賣鞋匠，他為動物們準備了許多種類不同的鞋子，有雨鞋、布鞋、芭蕾舞鞋、拖鞋、慢跑鞋、馬靴……等。動物們知道了

這個消息後紛紛地跑去試穿，每一個動物都希望自己是舞會當中最搶眼、最亮麗的。

各種鞋子

◎ 尋寶遊戲（聖桑：動物狂歡節）

　　法國作曲家聖桑（C. C. Saint-Saëns, 1835-1921）別出心裁的作品「動物狂歡節」（Le Carnaval des Animaux）是他於 1886 年至奧地利鄉間旅遊時，應好友之邀為當地的狂歡節寫曲，他心血來潮以天真的童心完成了這部令人愛不釋手的管弦組曲。在音樂中，聖桑以生動的描述方式，呈現出動物們滑稽可愛的一面。

　　全曲共分十四段，本活動主要是節錄「獅王進行曲」、「公雞與母雞」、「烏龜」、「大象」、「袋鼠」、「天鵝」等片段貫串而成的音樂。每段音樂播放後，教師給予樂曲的解說與提示，同時呈現該段音樂所描述的動物圖片及樂器圖卡。之後，重複播放一次音樂，並指導孩子找出所描述之動物的圖卡及樂器圖片。

1. 袋鼠：以雙鋼琴交替奏出的裝飾音型，描寫袋鼠揮著尾巴，以
   牠長而有力的後腿踢地，不斷向前躍進的模樣。樂曲播完後，
   請幼兒找出有關音樂中的動物及樂器的圖卡。

2. 大象：由低音大提琴演奏的一段舞曲，旋律具詼諧趣味，描寫
   大象笨拙沉重的步伐，以及滑稽可笑的舞姿。

3. 公雞與母雞：公雞以鋼琴的最高音奏出，母雞則以豎笛表示。
   公雞似乎熱情地招呼牠的伴侶，母雞則愉快地應答著。

我像公雞嗎？

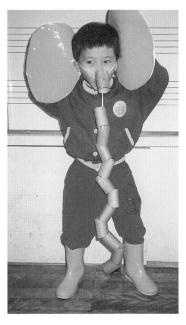

鼻子長長的，你猜我像誰？

4. 烏龜：樂曲由低音弦樂群在鋼琴的伴奏下，奏出緩慢的主題，描寫烏龜不慌不忙，緩慢爬行的樣子。

5. 獅王：以弦樂合奏帶出雄壯的獅王進行曲，曲中可以聽到獅王的咆哮聲。

真是像極烏龜了！

◎ 馬戲團表演會

1. 教師請幼兒由上述動物中選擇一種，除了模仿動物的動作外，同時讓孩子在所有舞鞋中選擇一雙最能表現該動物特徵的鞋子，並穿上它。此時由教師敲擊響板，幼兒開始動起來；但敲擊手鼓時則停頓剛剛的動作。

2. 最後將整首樂曲重複播放一次，請幼兒依次模仿上述各種動物的動作，並要求其創作與眾不同之表現。此時，教師可同時提供各式各樣的道具或器材，引導孩子選擇適合的材料來裝扮自己，以開拓孩子的創作空間。

獅王來了

● 教學資源 ●

各種造型的鞋子
各種節奏樂器圖卡
音樂組曲（動物狂歡節）

•課程分析•

◎單元：尋寶遊戲

壹、音樂作品選擇

· 聖桑——「動物狂歡節」組曲

貳、音樂要素的分析

1. 內在聽覺訓練——剛開始讓孩子聆聽片段的音樂（每種動物之象徵性音樂），接著做全曲聽音的訓練。

2. 音樂與圖形關係的判斷——聽音後可讓孩子由事先準備的樂器圖片中找出其間的相關。

3. 音樂記憶力的培養——在全曲聽音的活動進行完後，再讓孩子重複聆聽，並在該動物的音樂出現時出場模擬表演其動作特性。

參、舞蹈要素的分析

1. 時間——速度是時間元素中的重要構成，本單元所選擇的音樂，即具備各種不同速度的感覺，當烏龜的音樂出現時，指導孩子做出慢慢的、懶散的動作。

2. 力量——象徵大象與獅王的音樂出現時，指導孩子做出強有力且重心貼近地面的動作；而代表袋鼠的音樂出現時則做出輕快跳躍的動作。

肆、教學媒介的運用

活動主題 17

諾亞方舟

● 學習目標 ●

一、培養幼兒尋找聲音，並將各種聲音加以組合之能力。

二、培養想像以及創作聲音的能力。

三、利用符號或圖案來表現圖譜。

● 教學策略的應用 ●

一、自由聯想技術——教師給予「風」的主題，讓幼兒聯想當大風
　　吹起的時候可能會出現哪些自然現象的改變。

二、自由聯想技術——給孩子一些圖片，讓孩子根據圖片的特性做
　　聯想，並創作任何的音型來表示現象的特性。

● 活動內容 ●

◎ 諾亞的故事

　　神創造萬物以及人類以後，人們故意不尊敬神，自甘墮落。在
當時的世代，只有諾亞是尊敬神的人，因此得到神的喜悅。神告訴
諾亞說：「諾亞！我要用洪水淹沒大地，消滅世人，你要造一艘方
舟躲避洪水。」這時諾亞馬上去告訴所有居民，但人們都不聽諾亞
的勸告。

　　諾亞只好和妻兒、媳婦等八個人，以及各類動物一起進入方舟。
神很快地關上艙門。突然間，傾盆大雨連續下了四十晝夜，地上所
有的生物、人類，全都淹死了。只有諾亞和他的家人得以活命，蒙

神祝福——摘自《聖經·創世記》。

◎ 音樂圖譜

1. 教師事先蒐集有關「諾亞方舟」的錄影帶、故事書、圖畫、童謠、童詩，以提供幼兒從事思考、想像的材料。

2. 給予簡易的「節奏方塊」來練習，開始訓練幼兒對圖形的專注力。

(1)節奏方塊如下：

1		●	●	
2	●	●		●
3		●	●	●
4		●		●

(2)指導方法如下：

以上四個小節的節奏訓練中，教師指導幼兒在黑點處拍手，空白處則表示休止。（給予音符前的練習）

3. 聲音創作練習——風的聯想

本活動主要是讓孩子利用符號或圖案來表現圖譜，創作一種更適合幼兒的譜曲法。其步驟如下：

(1)以主題故事做引導，與幼兒共同尋找和主題有共同點的聲音，並用圖案繪出可能之現象。

(2)說明圖形及符號之運用，如：如何表現線條弧度、聲音高低、長短、大小以及音樂的時間。

(3)教師可運用「風」的主題，讓幼兒自由聯想諾亞的故事中大風吹起後，所有自然界或環境可能出現的現象，並鼓勵幼兒自行創作音型。下表為主題「諾亞方舟」所創作出來之音樂

圖譜，可提供幼兒以下的自然現象做為創作之參考：

風、電線桿、樹、柵欄門、桶蓋、紙張、晾衣服

		1	2	3	4	5	6	7	8	9	10
	風										
	電線桿										
	樹										
	柵欄門										
	桶蓋										
	紙張										
	晾衣服										

•課程分析•

◎ 單元：諾亞方舟

壹、音樂作品選擇

1. 教師可在市面上買到「諾亞方舟」的教學錄影帶做為教學的媒體，以刺激孩子進行思考想像。

2. 由教師自行設計簡易的節奏方塊，此項節奏模式之組合可經常做變化。

貳、音樂要素的分析

1. 節奏符號——教師提供節奏方塊訓練孩子對圖形專注力的活動，即在培養孩子認識節奏符號的過程，同時加強孩子對節奏的感應能力。

2. 簡易四小節的節奏練習——節奏方塊的運用可由簡單的四小節慢慢地增加到八小節，教師宜視孩子的能力發展做漸進式的教學。

3. 聲音的想像與創作——當教師提供與風有關的大自然現象圖片給幼兒參考時，鼓勵孩子想像與圖片有關的聲音，最後讓他們畫出適當的音型。

4. 簡易譜曲法——對較小的孩子而言，作曲是很難的，但是，透過本單元所介紹的音樂圖譜創作方式，可做為孩子未來作曲能力的基礎練習。

參、教學媒介的運用

聽音　　　　即興

讀譜

活動主題18

春天的腳步

●學習目標●

一、利用故事引導孩子發揮想像力，以肢體設計造型。

二、欣賞音樂家如何用音樂描述大自然。

三、透過音樂欣賞培養想像力、創造力，提升音樂鑑賞力。

四、指導孩子透過音樂畫出適當音型。

●教學策略的應用●

一、直觀表達法——教師可選擇和春天有關的故事或圖片讓孩子閱讀或觀賞，再要求孩子想像自己是圖片或故事中的一個角色，並運用豐富的想像力和肢體動作，將音樂中喜怒哀樂的感覺表達出來。

二、開放式問答技巧——以「春天的魔術師」故事為主題，並運用六 W 檢討法引導孩子討論春天可能出現的景象。

三、自由聯想技術——指導孩子將所聽到的音樂（四季——春）用適當的圖形表現出來。

●活動內容●

◎ 春天的魔術師

　　故事中的天神，是個偉大的魔術師，負責管理天氣和季節的變換。只要他一披上金黃色的袍子，金色的陽光便照耀大地。但是因為天神夜以繼日的工作，因此常常發生差錯。天神婆婆看在眼裡，

實在有點不捨，便由四個兒子中最聰明者來接替魔術師一職。

天神的四個兒子中，老大溫和，情緒卻善變；老二熱情，脾氣較暴躁；老三有藝術家的氣息，卻常帶著憂鬱；老四冷靜，經常一副冷冰冰的表情。（代表春夏秋冬）

本故事主要在描述春天的魔術師如何揮動他的魔棒，使惡劣的天氣轉晴，並讓所有屬於春天的景象再度重現的歷程。（詹芳茹，1995）

1. 以「春天的魔術師」故事和圖片引導孩子討論在春天可能出現的景象、氣候與動植物的變化等。

2. 讓孩子分組討論，自己想要扮演故事或圖片中的哪一個角色，再由教師指導幼兒作肢體的造型設計。

◎ 音樂欣賞及音樂圖畫創作

1. 配合音樂——威瓦第的「四季」第一樂章「春」，分段欣賞，問問幼兒聽到些什麼？

2. 重新放一次整首音樂，並讓幼兒將所聽到的聲音用音型畫出來。

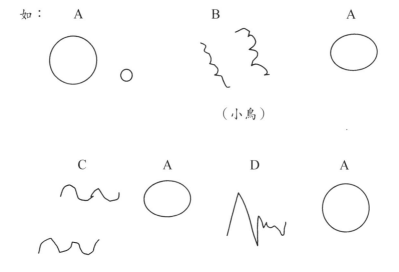

（小鳥）

春天到了，花仙子出來舞動她的身體

●教學資源●

春天景象圖片
古典樂「四季——春」
造型服裝

• 課程分析 •

◎ 單元：春天的腳步

壹、音樂作品選擇

・威瓦第——「四季」第一樂章「春」

貳、音樂要素的分析

1. 內在聽覺訓練——培養孩子全曲聽音的辨曲能力。

2. 旋律——聽音樂畫出旋律線條的能力。

3. 曲式——ABCD 反覆進行的四段曲式（適用於較大的孩子
   來聆賞與實施的課程）。

參、舞蹈要素的分析

1. 空間——利用身體塑造與春天有關的動植物造型或春天的
   景色，以經驗不同的線條造型。設計造型時，可以單人、
   雙人或團體來做不同的組合以探究不同層次水平變化。

2. 流動——聆聽音樂，當音樂表現明快活潑時，做出流暢如
   行雲流水般的動作。

肆、教學媒介的運用

聽音　　　　　　　　探索

迴旋曲　　　　　　　舞蹈

活動主題 19

雨滴和彩虹

● 學習目標 ●

一、運用笛子及各種節奏樂器、克難樂器模仿及創作大自然音效。

二、由舞蹈創作中探索人與人、人與物的關係。

三、體會舞蹈中速度與動作的對比。

四、利用各種素材進行角色扮演。

● 教學策略的應用 ●

一、自由聯想技術——教師提供孩子大塊的海浪布，並指導孩子進
　　行聯想，想像當風微微地吹起時海浪布要如何地舞動，並以此
　　類推到洶湧的海浪或其他可能的現象。

二、自由聯想技術——教師指導孩子要如何運用節奏樂器來製造各
　　種不同的聲音，如：利用笛頭吹出海鷗的叫聲、利用豆子的搖
　　晃聲來製造洶湧的海浪聲。

三、直觀表達法——讓孩子藉肢體的表演而達到想像力和好奇心的
　　啟發，如：模仿海鷗飛、風箏飛……的動作。

● 活動內容 ●

　　本主題故事主要在描述：一個小男孩和家人，因故漂流到一個
荒島上。有一天當他正思念著故鄉而心情鬱悶時，幸運地碰到了一
群風精靈，並送給他一首可以實現三個願望的魔術歌。當他實現了
最後一個願望，得到了一支心愛的笛子時，魔術歌再度吹起，所有

的風精靈也加入了這麼一首美妙的曲子當中，快樂地飛舞著、飛舞著。（故事內容如 p.161 附錄）

　　本主題主要以音樂劇的形式，帶入笛子及節奏樂器的創作、角色造型的創作以及即興舞蹈。以下即以音樂創作、舞蹈創作及造型創作三部分分別說明：（本單元活動較適合國小以後學童具木笛吹奏基礎者運用）

◎ 音樂創作的部分

1. 當故事中海鷗及小鳥出現時，請幼兒用笛頭製造海鷗的叫聲。並分二組擔任木琴及鐵琴之頑固伴奏。

低音木琴：‖: E 　 D 　 E 　 D 　 :‖
高音木琴：‖: BB 　 BB 　 BB 　 BB 　 :‖
　　　　　‖: GGGG GGGG GGGG GGGG :‖

2. 當故事提到海浪及彩虹時，由幼兒在鐵琴上奏出輕柔的滑音。另一組則用盤子裝入豆子搖晃，製造洶湧的海浪聲。

3. 故事中雷聲出現時，請一位幼兒用鈸敲出大雷聲。而當雨滴落下時，則用笛子創作出類似的雨聲。

　　　　教師一邊說故事，一邊指揮孩子做下述的演奏（以下數字後的說明代表演奏的內容）：

(1)運用木笛的笛頭製造類似海鷗的叫聲。（頑固伴奏如上所述）

(2)高音木琴和木笛輕柔地演奏 A 部分旋律。

(3)利用旋律樂器左右滑動製造滑音的效果。

(4)木笛和鋼琴演奏 B 部分之主題歌旋律。（魔術歌）高音木琴、低音木琴和響棒演奏 B 部之伴奏。

(5)笛子吹奏 C 部之旋律。

(6)笛子吹奏 D 部的旋律（音量由小漸大）。

(7)木笛和鋼琴演奏 $\boxed{B}$ 部之主題歌旋律。

　高音木琴、低音木琴和響棒演奏 $\boxed{B}$ 部之伴奏。

(8)笛子吹奏 $\boxed{C}$ 部之旋律。

(9)笛子吹奏 $\boxed{D}$ 部之旋律（音量由小漸大）。

(10)笛子吹奏 $\boxed{E}$ 部之旋律。

(11)運用木笛的笛頭製造類似海鷗的叫聲。（頑固伴奏如上所述）

(12)用鑼聲製造雷聲。

(13)笛子吹奏 $\boxed{F}$ 部之旋律。

(14)利用旋律樂器左右滑動製造滑音的效果。

(15)木笛和鋼琴演奏 $\boxed{B}$ 部之主題歌旋律。

　高音木琴、低音木琴和響棒演奏 $\boxed{B}$ 部之伴奏。

(16)笛子吹奏 $\boxed{C}$ 部之旋律。

(17)運用木笛的笛頭製造類似海鷗的叫聲。（頑固伴奏如上所述）

　木笛和鋼琴演奏 $\boxed{B}$ 部之主題歌旋律。（以卡農形式呈現）

　高音木琴、低音木琴和響棒演奏 $\boxed{B}$ 部之伴奏。

◎ 本單元各部曲譜

Magic Song
魔術歌

編曲 Mary Shamrock

◎ 附錄：「雨滴和彩虹」的故事

　　故事中有位小男孩名叫「多多」，每天坐在碼頭的沙灘上，靠著堤岸、望向海洋，看著海浪拍打著沙灘，海鷗(1)在他的頭頂上盤旋著，小白鴿(1)在樹梢上飛舞。多多和他的家人住在這個島上，是因為他們的船在一場暴風雨中沉了，於是漂流到這個島上，就住了下來。雖然他們有能力離開這裡，但他們很鍾愛這個島，不願離去，雖然是這麼想著，但是多多偶爾也會想念故鄉的田園生活(2)，海浪令他想起過去的一些朋友和一些有趣的事情。有一天，當他心情非常煩悶的時候，突然有一群風精靈(3)出現在他的面前，並對他說：「我要送你一首魔術歌，它將帶給你任何你想要的東西，但你要做聰明的選擇，因為只有三次的機會。」

　　稍後，風精靈就消失了。多多思索著：「如果我有一本屬於自己的書，能讓我每天讀一讀那該有多好。」於是他便唱了一首魔術歌(4)，想要證實它的魔力。突然，遠遠的地方出現了一艘小船(5)，多多看到了這艘小船興奮得不得了，激動得跑了過去(6)，發現船上擺了好幾本他所喜歡看的書。多多坐下來選了一本他認為最神祕的書看了起來。

多多休息了一下，想著第二個願望。噢！我該要求些什麼呢？這裡的風這麼大，真想擁有一個風箏。接著他唱了一首魔術歌(7)，並對風精靈說：「精靈啊！我希望用書來換一個風箏。」說也奇怪，遠遠的地方又出現了一艘小船(8)，愈靠愈近，最後來到了岸邊，多多興奮地跑到了小船旁邊(9)，發現有一個新的風箏在小船上，於是，他拿起了它，並拋向空中，慢慢地放鬆繩子，風箏一點一點的愈飛愈高，多多拉著繩子死命地跑著(10)。但是風變小了，風箏愈飛愈低，然後就掉了下來。多多只好坐下來休息，隱隱約約的他聽到海浪傳來的聲音，又聽到小鳥也傳來了柔柔的樂音(11)。聽著聽著，多多感到昏昏欲睡，很快地就睡著了。

突然，他被轟隆的雷聲給吵醒了(12)，接著又打了一聲更大的雷(12)。慢慢地，天空下起了雨來(13)，不知不覺中，雨愈下愈大。多多趕緊地隨手摘了一大片葉子來遮雨，免得被淋濕。由於熱帶地方的雨下得並不長，很快地，雨愈下愈小，愈來愈少。接著，可愛的彩虹(14)像弓箭一樣，懸在天空中，而雨終於停了。

多多想到他還剩下最後一個願望，他必須好好地仔細的選擇，他嘆了一口氣，這真是一首美妙的魔術歌啊！但是我卻只能再唱一次了。「等等！」他突然想到風精靈並沒有說不能用別的方法，我可以用笛子吹奏啊！因此他又唱了一首魔術歌的旋律(15)。這一次同樣地在遠遠的地方又出現了那艘船(16)，它愈來愈近，愈來愈近，終於靠到岸邊，多多得到了最後一個禮物──笛子。這次他也做了一個非常聰明的選擇。因為，它可以創作出任何一首他所喜歡的旋律。更棒的是，所有的風精靈也加入了這麼一首美妙的曲子當中，快樂地飛舞著，飛舞著(17)。

◎ 舞蹈創作的部分

1. 利用肢體與大型海浪布共同創作出各種類型之海浪變化；諸如：平靜的海、洶湧的海、海浪衝擊岩石、浪退了、海上平靜了等。（本活動可配合「海的聯想」故事進行）

2. 海鷗和小白鴿出現時，請幼兒隨著音樂舞動手臂，想像小鳥的模樣，展翅飛舞起來。

3. 當小男孩實現了他的第二個願望時，突然在面前出現了一支風箏。此時，由教師指導幼兒模仿風箏的模樣，並請二位幼兒一人扮演風箏、一人扮演放風箏的男孩，兩人互相配合、對應。

◎ 角色造型的創作

本創作活動可在發表會上加以呈現。事前由教師蒐集各式各樣的道具及器材，做為提供孩子想像、思考及創作的素材，並按故事中角色的特徵加以裝扮之。

（可利用屬性列舉法共同討論素材之特性）

● 教學資源 ●

各類節奏樂器
一盤小豆子
大型海浪布
角色造型素材

• 課程分析 •

◎ 單元：雨滴和彩虹

壹、音樂作品選擇

1. Magic Song 魔術歌（Mary Shamrock 編曲）。

2. 各部音樂伴奏（Mary Shamrock 編曲）。

貳、音樂要素的分析

1. 音色聽辨力訓練——利用節奏樂器和任何克難樂器製造與大自然有關的音效，並做強弱、高低變化。

2. 分部能力訓練——以分部的頑固伴奏或本單元中合奏之活動，即在培養孩子未來分部演奏的能力。

3. 音樂的即興——讓孩子利用笛頭來製造海鷗的叫聲、用鑼製造雷聲或用豆子製造海浪聲的活動，均能引發孩子對節奏及旋律的即興創作能力。

4. 了解打擊樂器——認識各種簡易的節奏樂器之名稱及其演奏方法。

5. 經驗各種節奏元素——在分部合奏的部分包括了全音符、四分音符、八分音符、十六分音符及附點音符等拍子種類，另外經驗了包括：4/4 及 6/8 拍的拍號變化。

參、舞蹈要素的分析

1. 時間速度及動作對比——在和海浪布共同創作的肢體活動中，讓孩子用身體去經驗不同速度變化以及快慢動作對比的感覺。

2.探索彼此的關係——不論是孩子與孩子，或孩子與物品之間的關係發展，在創造性律動活動中，是非常重要的一環。由於這些關係的學習，可以讓孩子的創意思考經驗更加地豐富。此類藝術探索活動可發展孩子對物體的知識、對物體的指稱物，以及其間相互的關係。

肆、教學媒介的運用

舞蹈　　　　　遊戲及合奏

探索　　　　　卡農

即興

活動主題 20

聖誕節

● 學習目標 ●

一、了解具季節特性的單元活動之設計與引導。

二、學習利用身體進行團體造型設計。

三、培養蒐集與季節特性相關的素材，並配合主題之團體造型設計
　　的能力。

四、懂得運用舞蹈元素變化肢體的律動感。

● 教學策略的應用 ●

一、重組法——利用重組結構的方式，獲致新的結果。本主題即利
　　用眾人的身體，以重組結構方式，設計出各種型態的聖誕樹造
　　型。

二、狂想類推——以聖誕老公公或玩具兵等與聖誕節相關的事物做
　　為比擬對象，讓幼兒以非比尋常的思考方式，去想像可能表現
　　的各種動作。引導幼兒用身體模擬各種奇形怪狀的聖誕樹，也
　　是一種奇思異想的類推經驗。

● 活動內容 ●

◎ 討論活動

　1.先和孩子們討論聖誕節慶中會發現哪些象徵性人物或物品，如：
　　聖誕老公公、雪橇、聖誕樹、玩具兵娃娃、禮物袋、襪子……
　　等。

2. 教師繼續孩子的答案，再深入地討論聖誕老公公的身體特徵、動作特性，做為設計舞蹈動作之參考，如：用身體做出肥胖的感覺、將身體的重心放低、走起路來很笨重等。

3. 接著將兩種東西加以結合，如：現在聖誕老公公身上背著很大的一包禮物，往前走、往後退，身體向前時可以彎著背，表現很沉重的感覺，盡量讓身體的線條有更多的變化。

4. 現在聖誕老公公將禮物準備好了，他必須有交通工具才能夠很快地將禮物送到全世界的孩子手上，我們可以幫他準備什麼交通工具呢？

5. 利用你的身體模擬雪橇在雪地上跑的動作，做的時候可以配合空間元素的變化。也可以將雪橇加以變形，改成輪子傳動，如：單腳跳時用另一腳之腳尖點地，而雙手手掌抓緊握在胸前；或者讓兩腳做為輪子，用力地轉動，跑時充分地利用教室的空間，走出不同的地板軌跡來。

6. 如果你是一個玩具娃娃或玩具兵，用身體模擬它們的動作，做的時候要表現出可愛、活潑、生動的特性來，如：它可以像音樂娃娃般在原地轉圈，也可以像拿著槍的玩具兵邁著威武的步伐前進，盡量讓玩具娃娃以擬人化的方式展現出它們的特質。

可愛的玩具娃娃

聖誕老公公來了

各式雪橇

◎ 編輯舞蹈

1. 將剛剛與孩子們討論出來的動作或造型，配合「歡樂聖誕」的歌曲來進行一段有趣的即興舞蹈活動。

2. 教師也可配合故事的講述法，一邊說故事，一邊引導孩子將剛剛的動作做一個次序性的組合。

◎ 團體的身體造型

1. 將孩子的人數做適當的分配，如五人一小組、七人一小組或十人一小組等任一組合（不同的人數組合會產生較豐富的創意）。

2. 給孩子「聖誕樹」的主題，並讓他們用身體做出聖誕樹的造型。創作過程中，教師可以給予提示，如：樹可以往上延伸發展成好大一棵樹；樹也可以倒在地上，讓它往地面水平地生長；你也可以做一棵會動的樹、茂密的樹或凋謝的樹（提供相關素材讓孩子們創作）。

引導語彙

1. 你曾經看過哪些形狀的聖誕樹？

2. 裝飾過的聖誕樹上，你會發現哪些聲音？

3. 你可以由周遭環境中找到會發出這些聲音的克難樂器嗎？

4. 讓你們做出來的聖誕樹，隨著這些聲音做動作。

各種聖誕樹造型

·課程分析·

◎ 單元：聖誕節

壹、舞蹈要素的分析

1. 空間——讓幼兒用身體模擬聖誕老公公胖胖的身體特徵，並以低低的姿勢走出笨重的感覺，是結合了舞蹈中空間的「形狀」以及「水平」兩種元素所做的身體造型動作。

2. 空間——將雪橇加以變形，並用單腳方式模擬雪橇的輪子，可以訓練幼兒的平衡感。若加上空間方位或方向的改變，可以幫助幼兒判斷空間中移動的軌跡變化，對往後空間感的發展有很大的幫助。

貳、教學媒介的運用

律動　　　　創作

即興

活動主題 21

洞洞遊戲

●學習目標●

一、身體造型的創作。

二、體會舞蹈中，人與人、人與物的關係。

三、培養探索身體的樂趣。

四、比較身體在束縛與流動狀態下，感覺的差異性。

●教學策略的應用●

一、自由聯想技術──由教師提供一個刺激，讓幼兒以各種不同的
　　方式聯想身體與洞洞的關係。

二、重組法──利用身體線條來表現主題造型，由集體創作中，利
　　用重組結構的方式，獲致新的結果。

●活動內容●

◎「洞洞工廠」的故事

　　「吸」、「呼～」、「用力呀～」、「吸」，兩大串眼淚從河
馬斑斑的眼裡滴了下來，不論牠怎麼使勁地吸氣，就是吸不到一丁
點空氣，因為牠最引以為傲的大鼻孔居然不通了，想到這裡，斑斑
的眼淚滴得更快了。「唉！只好換副新鼻孔了。」在一旁低著頭，
沉思了好久的貓頭鷹醫生說著。

　　因此，醫生帶著斑斑來到一間工廠，工廠的外形像一座大山洞，
從工廠裡傳來震耳欲聾的哆哆聲，裡面有上千隻的啄木鳥，正聚精

會神地工作，有的在啄小洞，有的啄大洞，牆上則掛滿剛造好的大洞、小洞，有耳洞、鼻洞、眼洞、褲管洞、煙囪的洞、甜甜圈的洞，還有各種稀奇古怪的洞。這時，從工廠裡走出一隻大白鷺，大白鷺和貓頭鷹醫生小聲地交談了一會兒之後，仔仔細細地看了看斑斑，並且用牠的長嘴在斑斑的鼻子上量了又量，最後才小心翼翼地從牆上取下兩個像杯子般大小的洞。

接著，大白鷺用牠的長嘴輕輕一撥，取下斑斑填塞的舊鼻孔，再把新鼻孔裝上。但是，不論大白鷺如何用心，新鼻孔就是套不上去，不得已大白鷺大翅膀一揮，招來了六隻啄木鳥，啄木鳥站在斑斑的鼻孔上「哆哆哆……」拼命的敲，把斑斑的鼻子敲得又紅又腫，「哎喲！」斑斑痛苦得大叫，大步地逃開，一不小心「咚」的撞在牆上，失去了知覺。等到牠醒過來時，已經躺在自己家裡的床上，斑斑連忙摸摸鼻子，幸好鼻孔還在，用力一吸，耶！鼻孔通了！斑斑興奮地大叫：「真棒！我的鼻孔通了。」媽媽聽到趕緊跑過來，斑斑則大叫：「媽！你看我換了新鼻孔耶！」媽媽摸摸牠的頭滿臉疑惑地說：「咦！奇怪了，斑斑吃過了藥，應該已經退燒了啊，怎麼說話還是顛三倒四的？」

◎ 稀奇古怪的洞洞

1. 探索自己的身體可以做出哪些洞洞出來，用手如何做出洞洞？用腳如何做出洞洞？用腳和手一起如何做出洞洞？身體站著的時候可以做什麼形狀的洞洞？身體躺在地板上可以做出什麼形狀的洞洞？

我的身體會做洞

2. 集體做出各種不同的洞,如:大洞、小洞,有耳洞、鼻洞、眼
   洞、褲管洞、煙囪的洞、甜甜圈的洞,還有各種稀奇古怪的洞。

集體做出各種稀奇古怪的洞

◎ 摩奇仙子的洞洞之旅

　　指定一位孩子扮演「摩奇仙子」，在各種神奇的洞洞中穿梭，集體做出各種稀奇古怪洞洞的孩子則必須定格在原地，讓摩奇仙子探索各種可能穿梭的方式。

洞洞之旅

• 教學資源 •

各種有洞洞的玩具
各種洞洞板

•課程分析•

◎單元：洞洞遊戲

壹、舞蹈要素的分析

1. 空間——形狀是身體在空間中最明顯呈現的元素，它可以由個人的身體來塑造，也可以由一群人的肢體做整體造型表現（李宗芹，1991）。用身體做出各種不同的洞洞，可以讓幼兒在觀察他人的身體創作中，體會不同的身體美感，同時讓幼兒在自由運用身體每個部位的同時，經驗各種線條造型。

2. 關係——和許多人一起探索是一件快樂的事情，在身體探索的過程中，可以習得彼此身體的自然接觸，同時學習控制自己的身體形狀與位置。此外，透過與他人接觸的練習，不但可增強幼兒的肌肉控制能力，還能提升學習的興趣。

貳、教學媒介的運用

探索

舞蹈

即興創作

參考書目

王木榮（1984）。**威廉斯創造力測驗修訂研究**。彰化師大輔導研究
　　所碩士論文，未出版，彰化市。

幼福出版社（2003）。**中國兒歌說學逗唱**。台北：幼福文化。

李宗芹（1991）。**創造性舞蹈**。台北：遠流。

林朱綺（譯）（2001）。Marcus Pfister 著。**彩虹魚**（The rainbow
　　fish）。台北：青林。

林東哲（1978）。零歲到半歲的音樂教育——睡的音樂。**教師之友，**
　　19（5, 6），32。

孫德珍（1988）。**音樂的生活——美的分享**。教育廳推行幼稚園輔
　　助教材系列。

陳淑文（1992）。**以圖畫輔助音樂教學之研究**。台北：樂韻。

陳龍安（1994）。**創造思考教學的理論與實際**。台北：心理。

黃麗卿、施玉琴（1990）。**提昇托兒所教材教法專題研究——奧福**
　　音樂教學實驗研究。國立頭城家商幼保科教師研究專輯，未出
　　版，宜蘭縣。

黃麗卿（1996）。**創造性音樂遊戲與傳統音樂教學活動中幼兒創造**
　　行為表現之差異比較。師大家政教育研究所碩士論文，未出版，
　　台北市。

詹芳茹（1995）。引導活動：春天的魔術師。**教師資源手冊——聖**
　　誕老公公，2，11-12。台北：光佑。

楊世華（1993）。**奧福與高大宜教學法於音樂行為與創造行為之研**
　　究——二個小團體之觀察。師大音樂教育研究所碩士論文，未

出版，台北市。

鄭方靖（1993）。**本世紀四大音樂教育主流及其教學模式**。台北：奧福教育。

鄭明進（譯）（1990）。Eric Carle 著。**好餓的毛毛蟲**（The very hungry caterpillar）。台北：上誼文化。

鄧美玲（譯）（1992）。Eric Carle 著。**好忙的蜘蛛**（The very busy spider）。台北：上誼文化。

謝鴻鳴（1994）。達克羅士節奏教學法簡介。鴻鳴──**達克羅士節奏教學月刊，1**（3），3-6。

Addison-Wesley (1989). *How the moon got in the sky?*. NJ: Pearson Education.

Alvarez, B. J. (1993). Developing music concepts. In M. Palmer & W. L. Sims (Ed.), *Music in prekindergarten: Planning and teaching* (pp. 29-32). Reston, VA: Music Educators National Conference.

Arnheim, R. (2004). *Art and visual perception: A psychology of the creative eye*. University of California Press.

Bartlett, J. C., & Dowling, W. J. (1980). Recognition of transposed melodies: A key-distance effect in developmental perspective. *Journal of Experimental Psychology, 6*, 501-515.

Boyd, K. S., Law, J. S., & Chalk, M. S. (2003). *Kids on the move*. Texas : Creative Publishing.

Bruner, J. S. (1968). *Toward a theory of instruction*. New York: W. W. Norton & Co.

Chen-Hafteck, L. (2008). *Recent perspectives in early childhood music education: Revealing and supporting young children's potential*. Paper presented at The International Conference on Children's Art Edu-

cation & the First National Conference on Children's Art Education, Nanjing China.

Choksy, L., Abramson, R. , Gillespie, A., & Wood, D. (1986). *Teaching music in the twentieth century*. Englewood Cliffs, N.J: Prentice-Hall.

Crews, D. (1993). *Freight train*. New York: William Morrow & Company, Inc.

Dewey, J. (1934). *Art as experience*. New York: Minton, Balch Co.

Dodge, D. T. (1993). *A guide for supervisors & trainers on implementing: The creative curriculum for early childhood* (3rd ed.). Washington, D.C.: Teaching Strategies.

Erickson, E. K. (1963). *Childhood and society*. New York: W. W. Norton.

Greenberg, M. (1976). Research in music in early childhood education: A survey with recommendations. *Council for Research in Music Education, 45*, 1-20.

Jalongo, M. (1990). The child's right to the expressive arts: Nurturing the imagination as well as the intellect. *Childhood Education*, 197.

Joanne, H. (1992). Fostering creativity by means of self-expressive materials. *The whole child: Developmental education for the early years*. New York: Macmillan.

Kamii, C., & DeVries, R. (1980). *Group games in early education: Implication of Piaget's theory*. Washington, D.C.: The National Association for the Education of Young Children.

Kelly, L., & Sutton-Smiss, B. (1987). A study of infant musical productivity. In J. C. Peery & I. W. Peery. Draper(Eds.), *Music and Child Development* (pp.35-53). NY: Springer-Verlag.

Landis, B., & Carder, P. (1972). *The eclectic curriculum in American music* education: Contributions of Dalcroze, Kodaly, and Orff. Reston, VA: Music Educators National Conference.

Mark, M. L. (1979). *Contemporary music education*. New York: Schirmer Books.

Mary, M. (1990). *Creative activities for young children* (4th ed.). Albany, N. Y.: Delmar Publishers.

Moog, H. (1976). The development of musical experience in children of preschool age. *Psychology of Music, 4*(2), 38-45.

Music Educators National Conference (1994). *The school music program: A new vision*, 9-12.

Piaget, J. (1970). *The child's conception of movement and speed*. London: Routledge and K. Paul.

Ramsy, J. H. (1981). An investigation of the effects of age, singing ability, and experience with pitched instruments on preschool children's melodic perception. *Journal of Research in Music Education, 31*(2), 133-145.

Serafine, M. L. (1980). Piagetian research in music. *Council for Research in Music Education, 62*, 1-21.

Todd, V. E., & Herrman, H. (1977). *Years before school: Guiding preschool children* (3rd ed.). New York: Macmillan.

Wadsworth, B. J. (1979). *Piaget's theory of cognitive development* (2nd ed.). New York: Longman.

Weiser, M. G. (1982). *Group care and education of infants and toddlers*. St. Louis: Mosby.

Zimmerman, M. P. (1971). *Musical characteristics of children*. Reston, Washington: Music Educators National Conference.

國家圖書館出版品預行編目資料

創意的音樂律動遊戲／黃麗卿著. --二版. --

　臺北市：心理，2009.07

　　面；　公分. --（幼兒教育系列；51130）

　參考書目：面

　ISBN 978-986-191-285-1（平裝）

　1.音樂教學法　2.律動教學法　3.兒童遊戲

523.23　　　　　　　　　　　　　　98011000

幼兒教育系列 51130

創意的音樂律動遊戲（第二版）

作　　者：黃麗卿

執行編輯：陳文玲

總　編　輯：林敬堯

發　行　人：洪有義

出　版　者：心理出版社股份有限公司

地　　址：231026 新北市新店區光明街 288 號 7 樓

電　　話：(02) 29150566

傳　　真：(02) 29152928

郵撥帳號：19293172　心理出版社股份有限公司

網　　址：https://www.psy.com.tw

電子信箱：psychoco@ms15.hinet.net

排　版　者：鄭珮瑩

印　刷　者：竹陞印刷企業有限公司

初版一刷：1998 年 10 月

二版一刷：2009 年 7 月

二版六刷：2021 年 12 月

I S B N：978-986-191-285-1

定　　價：新台幣 300 元